FINAL
HSKK

— 실전 모의고사 —

저자 최은정

중급

시사중국어사

실전 모의고사 중급

초판인쇄	2025년 12월 10일
초판발행	2025년 12월 20일
저자	최은정
감수	解梦宇
편집	주민경, 연윤영, 최미진, 徐婕
펴낸이	엄태상
디자인	이건화, 공소라
조판	이서영
콘텐츠 제작	김선웅, 장형진
마케팅	이승욱, 노원준, 조성민, 이선민, 김동우
경영기획	조성근, 최성훈, 김로은, 최수진, 오희연
물류	정종진, 윤덕현, 신승진, 구윤주
펴낸곳	시사중국어사(시사북스)
주소	서울시 종로구 자하문로 300 시사빌딩
주문 및 교재 문의	1588-1582
팩스	0502-989-9592
홈페이지	http://www.sisabooks.com
이메일	book_chinese@sisadream.com
등록일자	1988년 2월 12일
등록번호	제300-2014-89호

ISBN 979-11-5720-294-2 14720
    979-11-5720-293-5(set)

* 이 책의 내용을 사전 허가 없이 전재하거나 복제할 경우 법적인 제재를 받게 됨을 알려 드립니다.
* 잘못된 책은 구입하신 서점에서 교환해 드립니다.
* 정가는 표지에 표시되어 있습니다.

저자의 말

말하기는 일종의 기능이다.

중국어 듣기를 아무리 잘하고 독해 수준이 높다고 해도 말을 자연스럽게 잘하기는 어렵다. 중국어를 오래 배우거나 중국에 가서 연수나 유학을 한다 해도 자연스럽게 말하기가 좋아지지는 않는다. 물론 중국에서 생활하게 되면 가격 흥정 등 일상 생활에서 자주 사용하는 말은 익숙해지겠지만, 단순히 생존 중국어를 잘하게 되었다고 해서 어떤 주제에 대해 논리적으로 말할 수 있는 실제 말하기 능력이 향상되었다고는 할 수 없다. 말하기는 마치 피아노를 치는 것처럼 반복적인 연습과 훈련을 통해서만 얻어지는 일종의 기능이다.

그렇다면 말하기를 잘하기 위해서는 어떻게 해야 할까?

1. 학습의 단위를 단어가 아닌 문장으로 해야 한다.

중국어를 말할 때 한국어를 먼저 떠올린 후, 중국어 단어를 떠올리고, 다시 중국어 문장을 만들려고 하면 두 가지 문제가 생긴다. 하나는 생각하는 시간이 너무 오래 걸린다는 점, 다른 하나는 원어민이 쓰지 않는 어색한 문장을 만든다는 점이다. 이런 문제를 해결하기 위한 가장 좋은 방법은 문장 암기를 시작하는 것이다. 그래야만 내가 전달하고자 하는 표현을 통째로 말로 뱉을 수 있고, 진짜 중국어다운 중국어를 구사할 수 있다.

2. 소리 내서 공부하는 습관을 길러야 한다.

앞에서 말했듯이 입을 사용해 말해야만 말하기를 잘할 수 있다. 평소에 좋은 문장이나 말하고 싶었던 표현이 있으면 입에서 술술 나올 때까지 반복해서 말하는 습관을 기르자. 우리가 배우고 있는 것은 중국 '어(語)', 즉 언어라는 사실을 항상 잊지 말자.

3. HSK와 HSKK 학습을 분리하지 말자.

많은 학생이 HSK와 HSKK를 따로 공부하려 한다. 하지만 HSK에는 우리가 평소 회화에 적용할 수 있는 많은 표현과 문장이 있다. 저자의 경우 대학 시절 HSK를 공부할 때 듣기 지문을 소리 내어 암기했고, 이후 말하기 실력이 비약적으로 향상된 적이 있다. 소리 내어 공부하는 방식이 습관이 되면 HSKK 시험을 별도로 준비하지 않아도 문제 유형만 익혀서 충분히 좋은 성적을 취득할 수 있다.

HSKK를 위해 필요한 내용만 담았다!

HSKK 또한 어휘·어법 방면의 지식이 필요하기에 자칫 잘못하면 HSK 종합서와 같은 방대한 내용을 포함한 해설서가 되어 버릴 수 있다. 이 책을 쓰는 과정에서 가장 고민했던 부분이기도 하다. 따라서 이 책은 HSKK에 자주 출제되는 시험 유형을 철저히 분석하여, 시험 응시를 위해 반드시 알아야만 하는 지식 포인트와 응시 요령을 모두 담았다. HSKK 시험 준비를 위해 이 책 한 권이면 충분하다고 자신 있게 말하고 싶다.

저자 최은정

목차

- 저자의 말 3
- 목차 4
- 이 책의 특징 6
- HSKK란? 9
- HSKK 중급 소개 10
- HSKK IBT 일러두기 11
- HSKK 중급 응시 전략 16
- 시험 보기 전! 중요 포인트 정리 18

실전 모의고사

제1회	25
제2회	29
제3회	33
제4회	37
제5회	41
제6회	45
제7회	49
제8회	53
제9회	57
제10회	61

모범 답안 및 해설

제1회	66
제2회	78
제3회	92
제4회	106
제5회	120
제6회	133
제7회	145
제8회	158
제9회	171
제10회	183

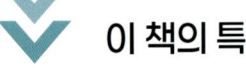

이 책의 특징

● 응시 전략 및 중요 포인트 정리

시험에 응시하기 전에 확인하면 좋은 HSKK 중급 응시 전략과 핵심 어법 포인트를 교재 앞부분에 준비했습니다.

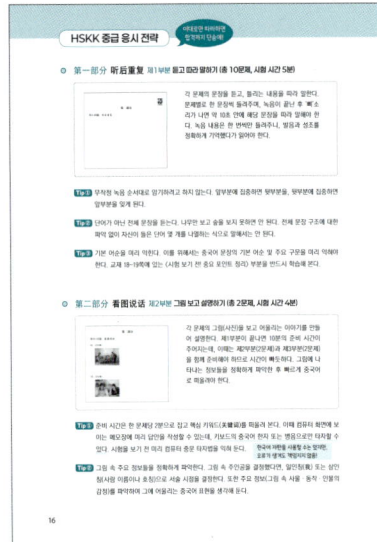

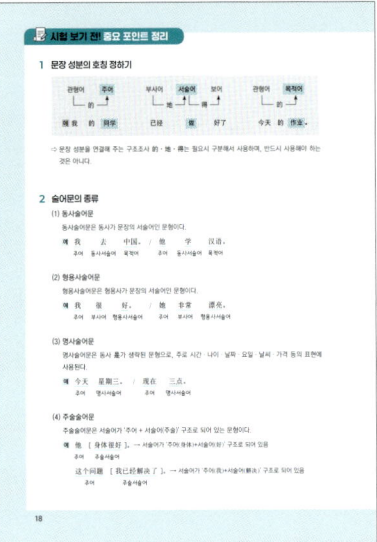

● 실전 모의고사 10회분

실전 감각을 기르기 위한 모의고사 10회분을 준비했습니다.
문제의 QR 코드를 스캔해서 MP3 음원을 들으며,
실제 시험처럼 제한 시간 안에 문제를 풀어 봅니다.

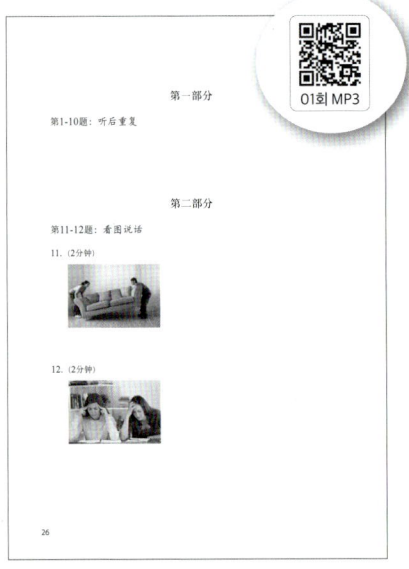

● 모범 답안 및 해설

제1부분은 들려주는 내용의 문장 구조를 자세히 분석하였습니다. 먼저 해당 문장의 큰 틀을 파악한 후, 세부적인 수식 성분까지 파악하고 나면 복잡한 문장도 비교적 쉽게 외워서 말할 수 있습니다. 저자의 오랜 강의 경력이 담긴 **코너 속 어법 Tip**을 활용하여 절대 잊어버리면 안 되는 핵심 어법을 익혀 보세요.

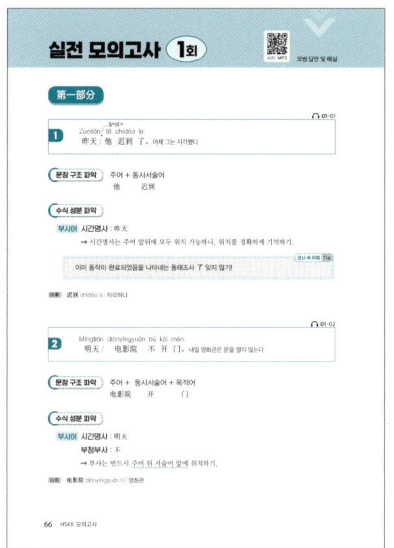

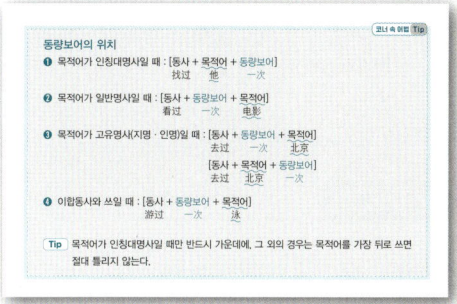

제2부분은 실제 시험에서도 활용할 수 있도록 단계별로 문제 푸는 방법을 제시했습니다. 사진을 보고 떠올릴 수 있는 표현들을 정리한 STEP1과 사진 속 상황의 앞뒤 스토리를 정리한 STEP2를 활용하여 나만의 답안을 만들어 보세요.

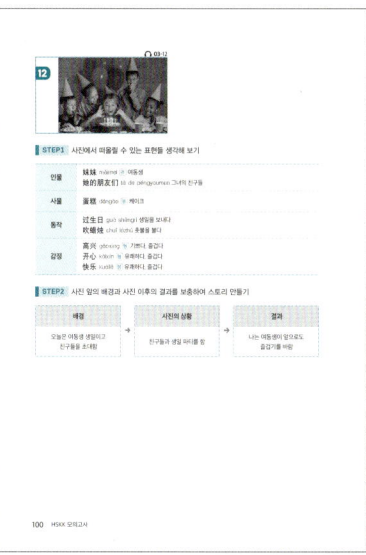

이 책의 특징

제3부분은 문제의 답안을 먼저 한국어로 구성한 후, 모범 답안을 정리했습니다. 각 문제의 모범 답안은 '고급편(高级版)'과 '쉬운편(简单版)'으로 준비되어 있으니, 수험자에게 적합한 답안으로 연습해 보세요. 본 교재는 모든 답안의 한자가 초·중급 수험자가 보기 쉽도록 병음에 따라 띄어 썼습니다.

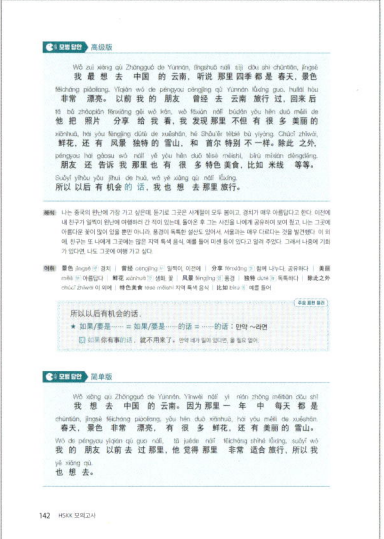

일러두기

· **다양한 버전의 MP3 음원**

매회 모의고사와 모범 답안 첫 페이지에 있는 QR코드를 스캔하여 음원을 확인하실 수 있으며, 영역별로 다양한 버전의 음원을 듣고 듣기 실력을 향상할 수 있습니다. 또는 홈페이지(https://www.sisabooks.com/chn/)에 로그인 후, 교재명을 검색하여 음원 파일을 내려 받아 활용해 보세요.

· **품사 정리**

명사	명	형용사	형	접속사	접
고유명사	고유	부사	부	감탄사	감
동사	동	수사	수	조사	조
조동사/능원동사	조동	양사	양	이합동사	이합사
대사	대	전치사/개사	전	성어	성

HSKK란?

1 개요

중국어 말하기 능력 평가 시험인 HSKK(中文水平口语考试, HSK Speaking Test)는 중국 교육부령에 의거, 중국 교육부에서 시험 출제·채점·성적표 발급을 맡고 있다. 중국어가 모국어가 아닌 응시생이 일상생활·학습·업무 등의 화제에서 중국어로 타인과 교류하는 능력을 중점적으로 평가한다.

2 등급별 수준

HSKK 등급	HSK 등급	수준	어휘량	상응 평가 기준	
				국제중국어 능력기준	유럽언어공동 참고프레임(CEF)
HSKK 고급	HSK 6급	중국어로 듣고 이해하는 데 수월하며, 자신의 견해를 유창하게 표현할 수 있다.	약 3,000개	5급	C급
	HSK 5급				
HSKK 중급	HSK 4급	원어민과의 교류에서 비교적 유창한 중국어 회화를 진행할 수 있다.	약 900개	3·4급	B급
	HSK 3급				
HSKK 초급	HSK 2급	익숙한 일상생활의 화제에 대해 기본적인 중국어 회화가 가능하다.	약 200개	1·2급	A급
	HSK 1급				

3 시험 방식 및 준비물

▶ IBT : 지정 고사장에서 컴퓨터로 시험 보는 방식
▶ 홈테스트 : 수험생 개인 컴퓨터로 온라인 시험 시스템에서 시험 보는 방식
　　　　　 (마이크 사용 가능한 개인 헤드셋 준비 필요함)
▶ 준비물 : 수험표 및 유효한 신분증

4 성적 확인 및 성적표

▶ 시험일로부터 약 1개월 후 중국고시센터(www.chinesetest.cn) 또는 한국사무국(www.hsk.or.kr)에서 성적 조회가 가능하다.
▶ 개인 성적표는 '시험일로부터 45일 후'에 수령할 수 있다.
▶ 해당 시험의 성적은 시험일로부터 2년간 유효하다.

HSKK 중급 소개

1 시험 수준 및 응시 대상

① HSKK 중급의 수준은 HSK 3, 4급에 해당하며,《국제중국어능력기준》의 3, 4급 또는《유럽언어공동참고프레임》B급에 상응한다.
② 매주 2~3시간씩 1~2년 중국어를 학습하고, 약 900개의 상용 어휘와 관련 어법 지식을 마스터한 응시자를 대상으로 한다.
③ 원어민과의 교류에서 비교적 유창한 중국어 회화를 진행할 수 있다.

2 시험 구성 및 상세 내용

시험 내용		문항 수	시험 시간
응시자 정보(이름 · 국적 · 수험번호 등) 응답하기			
제1부분	듣고 따라 말하기	10문항	5분
준비 시간(제2부분~제3부분)			10분
제2부분	그림(사진) 보고 설명하기	2문항	4분
제3부분	질문에 대답하기	2문항	4분
총계		14문항	약 23분

▶ 100점 만점으로 총점이 60점 이상이면 합격이다.
▶ 성적은 시험일로부터 2년간 유효하다.

HSKK IBT 일러두기

1 시험 시작 전

① 수험표 번호로 고사장 위치 확인 후, 입구에서 좌석 확인하기
② 감독관의 안내에 따라 응시자 정보 및 시험 유의사항 확인하기
③ 언어 선택하기

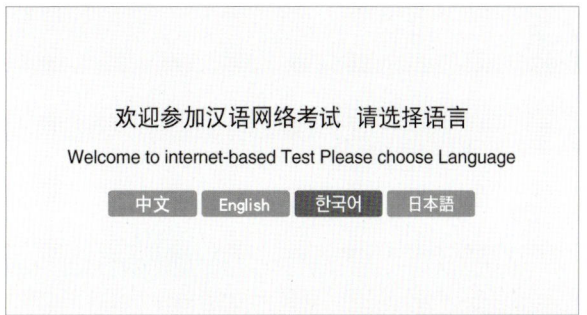

④ 시험 당일 모니터 하단에 부착된 수험 번호와 비밀번호로 로그인하기

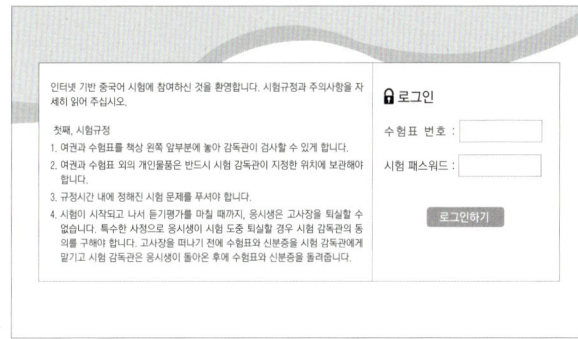

⑤ 헤드셋 음량 및 마이크 테스트하기

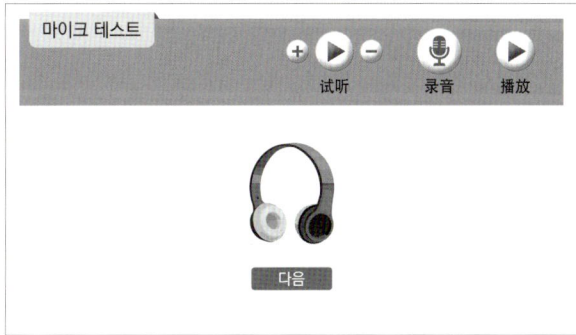

▶ 테스트 듣기(试听): 헤드셋이 잘 들리는지 확인할 수 있습니다.
　　　　　　　　　양쪽의 +, - 버튼을 눌러서 볼륨을 조절해 봅니다.
▶ 녹음(录音): 클릭해서 녹음이 되는지 확인해 봅니다. 다시 누르면 녹음이 정지됩니다.
▶ 녹음 재생(播放): 클릭해서 자신의 목소리가 잘 녹음되었는지 확인해 봅니다.
　　　　　　　　　다시 누르면 재생이 정지됩니다.

⑥ 시험 시작하기

: 시험 문제는 자동으로 내려 받아지며, '다음' 버튼을 클릭하면 '대기화면'이 보이고, 시험 시작 1분 전에 제1부분이 보입니다.

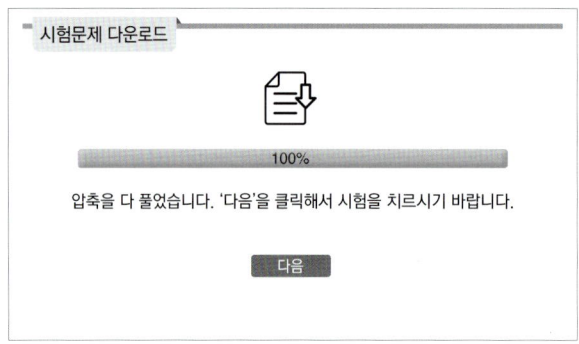

2 시험 시작 후

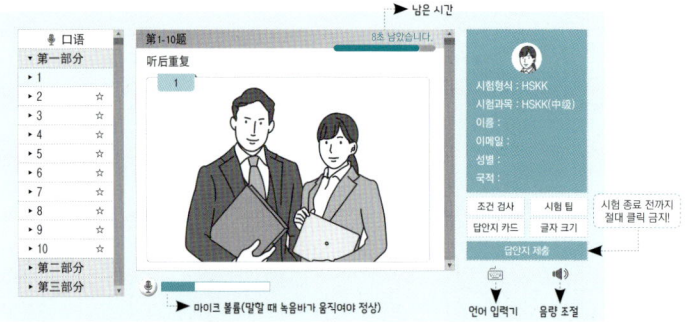

① 응시자 정보 질의 응답

: 위의 시험 화면 예시를 보고, 아래의 질문에 따라 자신의 정보를 대답한다.

Q1	Nǐhǎo, nǐ jiào shénme míngzì? 你好，你叫什么名字? 안녕하세요. 당신의 이름은 무엇인가요?	A1	Wǒ jiào_____. 我叫_____。 저는 _____ 입니다.
Q2	Nǐ shì nǎ guó rén? 你是哪国人? 당신은 어느 나라 사람인가요?	A2	Wǒ shì Hánguórén. 我是韩国人。 저는 한국인입니다.
Q3	Nǐ de xùhào shì duōshǎo? 你的序号是多少? 당신의 수험번호는 몇 번인가요?	A3	Wǒ de xùhào shì _____. 我的序号是_____。 저의 수험번호는 _____ 입니다.

② 제1부분 시험 시작

: 제1부분(10문항)의 문제 설명이 끝나면 1번 문제가 시작된다. 1번 문제의 녹음 내용이 나온 후, '삐' 소리가 들리면 제한 시간(약 10초) 내에 대답한다. 말하기 시작하면 마이크 볼륨이 활성화된다. 1번 문제가 끝나면 바로 2번 문제~10번 문제가 차례로 시작된다.

 好，现在开始第1到10题。每题你会听到一个句子，请在"嘀"声后重复这个句子。现在开始第1题。
그럼 지금부터 1번~10번 문제를 시작합니다. 문제별로 한 문장을 듣게 됩니다. '삐'소리 후에 이 문장을 따라 말하세요. 지금부터 1번 문제를 시작합니다.

③ 제2~3부분 준비하기

: 10분동안 제2부분과 제3부분의 답을 준비할 수 있다. 메모장에는 중국어로만 표기할 수 있다.

 好，现在开始准备第11到14题。可以在试卷上写提纲。准备时间为10分钟。
그럼 지금부터 11번~14번 문제를 준비하세요. 시험지에 요점을 메모해도 좋습니다. 준비 시간은 10분입니다.

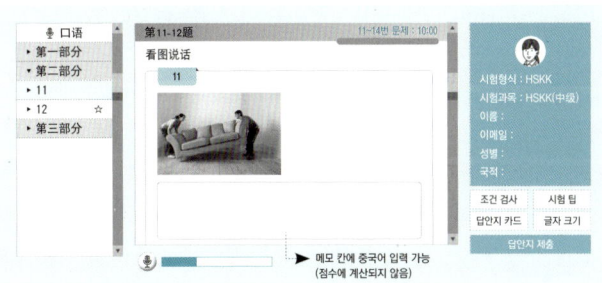

Tip 중국어 입력 방법

- [Alt] + [Shift] 또는 [Alt] + [Space Bar] 키를 누르면 중국어 자판으로 변경된다.
- 발음 [ǔ]의 중국어는 알파벳 v를 입력하면 된다. 예 旅游 lǚyóu → 'lvyou' 입력하기
- 중국어의 문장부호 '、'는 컴퓨터 자판 오른쪽 부분의 [W] 키를 입력하면 된다.
- 컴퓨터로 한어병음 입력기 sogou를 다운로드하여 미리 연습해 본다.

④ 제2부분 시험 시작

: 준비 시간이 끝나면 바로 제2부분(2문항)이 시작된다. 화면에 보이는 11번 문제의 대답을 제한시간(약 2분) 내에 대답한다. 11번 문제가 끝나면 바로 12번 문제가 시작된다. 우측 상단의 남은 시간을 확인하면서 대답한다.

 准备时间结束。现在开始第11题。 준비 시간이 끝났습니다. 지금부터 11번 문제를 시작하세요.

 第11题结束。现在开始第12题。 11번 문제가 끝났습니다. 지금부터 12번 문제를 시작하세요.

⑤ 제3부분 시험 시작

: 제3부분(2문항)의 13번 문제가 시작되면 제한시간(약 2분) 내에 대답한다. 13번과 14번 문제의 대답을 차례로 말한다. 우측 상단의 남은 시간을 확인하면서 대답한다.

 第12题结束。现在开始回答第13题。 12번 문제가 끝났습니다. 지금부터 13번 문제의 답변을 시작하세요.

 第13题结束。现在开始回答第14题。 13번 문제가 끝났습니다. 지금부터 14번 문제의 답변을 시작하세요.

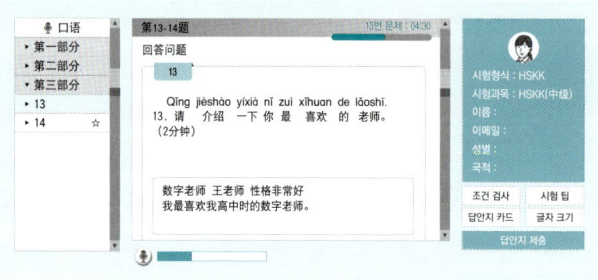

⑥ 시험 종료

: 화면에 시험 종료 안내 문구가 나오면, 자리를 정리한 후 고사장에서 나간다. 시험이 끝나기 전까지 우측 하단의 **답안지 제출** 버튼을 절대 누르지 않는다.

📢 好，考试现在结束，谢谢你！ 이제 시험이 끝났습니다. 감사합니다!

HSKK 중급 응시 전략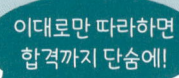

○ **第一部分 听后重复** 제1부분 듣고 따라 말하기 (총 10문제, 시험 시간 5분)

각 문제의 문장을 듣고, 들리는 내용을 따라 말한다. 문제별로 한 문장씩 들려 주며, 녹음이 끝난 후 '삐'소리가 나면 약 10초 안에 해당 문장을 따라 말해야 한다. 녹음 내용은 한 번씩만 들려 주니, 발음과 성조를 정확하게 기억했다가 읽어야 한다.

Tip① 무작정 녹음 순서대로 암기하려고 하지 않는다. 앞부분에 집중하면 뒷부분을, 뒷부분에 집중하면 앞부분을 잊게 된다.

Tip② 단어가 아닌 전체 문장을 듣는다. 나무만 보고 숲을 보지 못하면 안 된다. 전체 문장 구조에 대한 파악 없이 자신이 들은 단어 몇 개를 나열하는 식으로 말해서는 안 된다.

Tip③ 기본 어순을 미리 익힌다. 이를 위해서는 중국어 문장의 기본 어순 및 주요 구문을 미리 익혀야 한다. 교재 18~19쪽에 있는 〈시험 보기 전! 중요 포인트 정리〉 부분을 반드시 학습해 본다.

○ **第二部分 看图说话** 제2부분 그림 보고 설명하기 (총 2문제, 시험 시간 4분)

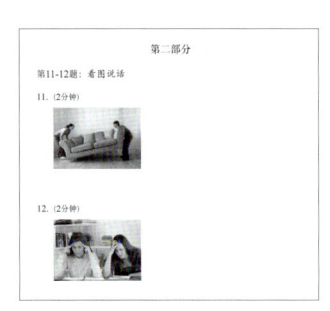

각 문제의 그림(사진)을 보고 어울리는 이야기를 만들어 설명한다. 제1부분이 끝나면 10분의 준비 시간이 주어지는데, 이때는 제2부분(2문제)과 제3부분(2문제)을 함께 준비해야 하므로 시간이 빠듯하다. 그림에 나타나는 정보들을 정확하게 파악한 후 빠르게 중국어로 떠올려야 한다.

Tip① 준비 시간은 한 문제당 2분으로 잡고 핵심 키워드(关键词)를 떠올려 본다. 이때 컴퓨터 화면에 보이는 메모장에 미리 답안을 작성할 수 있는데, 키보드의 중국어 한자 또는 병음으로만 타자할 수 있다. 시험을 보기 전 미리 컴퓨터 중문 타자법을 익혀 둔다. *한국어 자판을 사용할 수는 있지만, 오류가 생겨도 책임지지 않음!*

Tip② 그림 속 주요 정보들을 정확하게 파악한다. 그림 속 주인공을 결정했다면, 일인칭(我) 또는 삼인칭(사람 이름이나 호칭)으로 서술 시점을 결정한다. 또한 주요 정보(그림 속 사물·동작·인물의 감정)를 파악하여 그에 어울리는 중국어 표현을 생각해 둔다.

Tip ③ 그림을 단순하게 묘사하지 않는다. 그림을 충분히 이해하고 상상과 보충을 통해 하나의 이야기를 만들어 설명해야 한다. **'배경 → 그림(사진)의 상황 → 결과(그 후에 일어날 일이나 감정 상태)'** 순으로 이야기를 구상해 본다.

○ 第三部分 回答问题 제3부분 질문에 대답하기 (총 2문제, 시험 시간 4분)

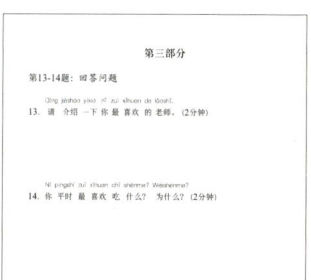

컴퓨터 화면에 보이는 중국어 질문에 대답하면 된다. 중국어 질문 위에 병음과 성조가 함께 제시되므로 대답할 때 질문 속 단어를 활용해 본다.

Tip ① 먼저 질문의 핵심 대답을 정한다. 예를 들어, '당신이 가장 존경하는 사람은 누구인가?'라는 질문에는 '아버지', '당신은 주말에 보통 무엇을 하는가?'라는 질문에는 '등산'처럼 한마디로 말할 수 있는 핵심 대답을 정한다. 그리고 그 대답을 중심으로 내용을 추가한다.

Tip ② 단락으로 생각을 정리한다. 제3부분에서 가장 중요한 것은 서술의 논리성이다. 흐름이 정리되지 않은 상태에서 서술하면, 횡설수설하거나 갑자기 말을 끝내는 표현을 써서 대답이 너무 짧아질 수 있다. 제3부분을 준비할 때는 **'서론-본론-결론'**을 지켜, 세 단락으로 서술해 본다. 각 단락에서 무엇을 말할지를 미리 정해두고, 전체적인 이야기의 연관성과 논리성을 유지하며 말해 본다.

예시

- 서론 : 내가 가장 존경하는 사람은 아버지이다
- 본론 : 이유1 - 항상 긍정적임
  이유2 - 모든 일에 최선을 다함
- 결론 : 나도 아버지 같은 사람이 되고 싶다

- 메모장 : 尊敬, 爸爸, 积极, 努力, 尽心尽力, 想成为像爸爸一样的人

FINAL TIP!
막상 시험장에 가면 주변 응시자가 말하는 소리 때문에 내 소리가 잘 안 들려 당황할 수 있다. 대답할 때는 큰 소리로 또박또박 말하고, 평소 시끄러운 곳에서도 말하기 연습을 해 본다.

시험 보기 전! 중요 포인트 정리

1 문장 성분의 호칭 정하기

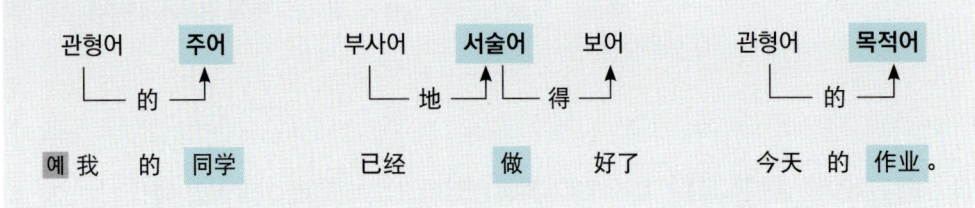

⇨ 문장 성분을 연결해 주는 구조조사 的·地·得는 필요시 구분해서 사용하며, 반드시 사용해야 하는 것은 아니다.

2 술어문의 종류

(1) 동사술어문

동사술어문은 동사가 문장의 서술어인 문형이다.

예 我 去 中国。 / 他 学 汉语。
　　주어 동사서술어 목적어　　주어 동사서술어 목적어

(2) 형용사술어문

형용사술어문은 형용사가 문장의 서술어인 문형이다.

예 我 很 好。 / 她 非常 漂亮。
　　주어 부사어 형용사서술어　　주어 부사어 형용사서술어

(3) 명사술어문

명사술어문은 동사 是가 생략된 문형으로, 주로 시간·나이·날짜·요일·날씨·가격 등의 표현에 사용된다.

예 今天 星期三。 / 现在 三点。
　　주어 명사서술어　　주어 명사서술어

(4) 주술술어문

주술술어문은 서술어가 '주어 + 서술어(주술)' 구조로 되어 있는 문형이다.

예 他 [身体很好]。→ 서술어가 '주어(身体)+서술어(好)' 구조로 되어 있음
　　주어　주술서술어

　　这个问题 [我已经解决了]。→ 서술어가 '주어(我)+서술어(解决)' 구조로 되어 있음
　　주어　　　주술서술어

3 주요 문형

(1) 把자문

▶ 구조

> [(시간명사) + 주어 + (시간명사) + (부사/조동사) + 把 + 목적어 + 동사서술어 + 기타성분]。
>
> 예 明天我明天一定会把这本书还给他。
> 　　내일 나는(나는 내일) 반드시 이 책을 그에게 돌려줄 것이다.

▶ 특징

① 시간명사는 주어 앞뒤에 모두 사용 가능하다.
② 부사와 조동사는 把 앞에 사용하는데, 부사 중 일부는 수식 범위에 따라 '把전치사구 뒤 동사서술어 바로 앞'에 사용하기도 한다. 대표적으로 都, 也, 再, 重新이 있다.
③ 동사 뒤에는 반드시 기타성분이 있어야 하는데, 주요 기타성분에는 목적어·동태조사 了·동태조사 着·보어·중첩형 등이 있다.

> 예 我　　每天　　都　　把这本书　　看　　一遍。
> 　　주어　시간명사　부사　　　　　　동사서술어　기타성분[동량보어]
>
> 　　我　　把这本书　　都　　看　　完了。
> 　　주어　　　　　　　부사　동사서술어　기타성분[결과보어 + 了]

(2) 被자문

▶ 구조

> **A.** [시간명사 + 주어 + 부사/조동사 + 被 + 동사서술어 + 기타성분]。
>
> 예 今天我可能会被拒绝。
> 　　오늘 나는(나는 오늘) 아마도 거절당할 것이다.
>
> **B.** [주어 + 시간명사 + 부사/조동사 + 被 + 가해자 + 동사서술어 + 기타성분]。
>
> 예 我今天可能会被他拒绝。
> 　　오늘 나는(나는 오늘) 아마도 그에게 거절당할 것이다.

▶ 특징

① 시간명사는 주어 앞뒤에 모두 사용 가능하다.
② B 유형에 한해 부사나 조동사가 있다면, 2음절동사의 경우 뒤에 기타성분이 없어도 된다.

(3) 比자문

▶ 구조

> **A.** [주어 + 比 + 비교 대상 + 서술어]。
>
> 예 今天比昨天冷。 오늘이 어제보다 춥다.
>
> **B.** [주어 + 比 + 비교 대상 + 更/还 + 서술어]。
>
> 예 今天比昨天更冷。 오늘이 어제보다 더 춥다.
>
> **C.** [주어 + 比 + 비교 대상 + 서술어 + 很多/得多/多了(많이)]。
> (一)点儿/(一)些(조금)
> 수량사
>
> 예 今天比昨天冷很多/得多/多了。 오늘이 어제보다 많이 춥다.
> 今天比昨天冷(一)点儿/(一)些。 오늘이 어제보다 조금 더 춥다.
> 今天比昨天冷三度。 오늘이 어제보다 3도 더 춥다.

▶ 특징
① B 유형에서 서술어 앞에 일반적인 정도부사 很, 非常, 十分, 真, 太 등을 절대 사용하지 않는다.
② 比 앞이나 서술어 앞에 조동사 要를 사용할 수 있지만, 의미에는 크게 영향을 주지 않는다.

  예 今天要比昨天冷。

(4) 연동문

연동문은 하나의 주어에 두 개 이상의 동사가 이어지는 문형이다. 이때 동사는 시간의 흐름에 따라 나열하면 된다.

▶ 구조

> **A.** [동사1(去/来/到)……동사2(목적)……]
>
> 예 我 去 吃 饭。 나는 밥을 먹으러 간다.
>   동사1 동사2
>
> **B.** [동사1(수단이나 방식: 坐/骑/开/用)……동사2……]
>
> 예 我们 用 汉语 聊 天儿。 우리는 중국어를 사용해서 이야기한다.
>   동사1   동사2
>
> **C.** [동사1(수단이나 방식)……동사2(去/来/到)……동사3(목적)……]
>
> 예 我 坐 飞机 去 中国 学 汉语。 나는 비행기를 타고 중국에 중국어를 공부하러 간다.
>   동사1   동사2   동사3

(5) 겸어문

겸어문은 두 개의 문장이 연결된 문형으로, 이때 我는 서술어1의 목적어와 서술어2의 주어를 겸하고 있기 때문에 '겸어'라고 부르며, 이런 문형을 '겸어문'이라고 한다.

▶ 구조

		주어	서술어2	목적어2
他	让	我	去	中国。
주어	서술어1	목적어1		

(6) 강조문

'是……的' 강조구문은 동사가 아닌 그 배경이 되는 시간·장소·방식·목적 등을 강조하고자 할 때 강조 포인트 앞에 是를 쓰고 동사 뒤에 的를 쓰는 문형이다.

▶ 구조

[是 + 시간/장소/방식/목적 + 동사서술어 + 的 (목적어)]。

▶ 특징

① 是를 생략할 수 있음

예 他(是)昨天来的。 그는 어제 왔다.

② 부정형은 '不是……的'를 사용

예 他不是昨天来的。 그는 어제 온 것이 아니다.

③ 목적어가 있는 경우 的는 목적어 앞뒤에 모두 사용 가능함

예 他(是)昨天来的中国。 / 他(是)昨天来中国的。 그는 어제 중국에 왔다.

실전 모의고사 1회	25
실전 모의고사 2회	29
실전 모의고사 3회	33
실전 모의고사 4회	37
실전 모의고사 5회	41
실전 모의고사 6회	45
실전 모의고사 7회	49
실전 모의고사 8회	53
실전 모의고사 9회	57
실전 모의고사 10회	61

HSKK 중급
실전 모의고사

中文水平考试
HSK 口语(中级)
模拟试题(一)

注 意

一、 HSK口语(中级)分三部分:

　　1. 听后重复(10题,5分钟)

　　2. 看图说话(2题,4分钟)

　　3. 回答问题(2题,4分钟)

二、 全部考试约23分钟(含准备时间10分钟)。

第一部分

第1-10题：听后重复

第二部分

第11-12题：看图说话

11. (2分钟)

12. (2分钟)

第三部分

第13-14题：回答问题

       Qǐng jièshào yíxià nǐ zuì xǐhuan de lǎoshī.
13. 请 介绍 一下 你 最 喜欢 的 老师。(2分钟)

       Nǐ píngshí zuì xǐhuan chī shénme? Wèishénme?
14. 你 平时 最 喜欢 吃 什么？ 为什么？(2分钟)

中文水平考试
HSK 口语(中级)

模拟试题(二)

注 意

一、 HSK口语(中级)分三部分:

　　1. 听后重复(10题,5分钟)

　　2. 看图说话(2题,4分钟)

　　3. 回答问题(2题,4分钟)

二、 全部考试约23分钟(含准备时间10分钟)。

第一部分

第1-10题：听后重复

第二部分

第11-12题：看图说话

11. (2分钟)

12. (2分钟)

第三部分

第13-14题：回答问题

Nǐ jiàqī de shíhou, yìbān zuò shénme?
13. 你 假期 的 时候，一般 做 什么？（2分钟）

Nǐ de àihào shì shénme?
14. 你 的 爱好 是 什么？（2分钟）

中文水平考试
HSK 口语(中级)

模拟试题(三)

注 意

一、 HSK口语(中级)分三部分：

　　1. 听后重复(10题，5分钟)

　　2. 看图说话(2题，4分钟)

　　3. 回答问题(2题，4分钟)

二、 全部考试约23分钟(含准备时间10分钟)。

第一部分

第1-10题：听后重复

第二部分

第11-12题：看图说话

11.（2分钟）

12.（2分钟）

第三部分

第13-14题：回答问题

13. Nǐ zuì xiǎng zuò shénme gōngzuò? Wèishénme?
    你最想做什么工作？为什么？(2分钟)

14. Nǐ juéde zěnme cái néng xuéhǎo Hànyǔ?
    你觉得怎么才能学好汉语？(2分钟)

中文水平考试
HSK 口语(中级)
模拟试题(四)

注 意

一、 HSK口语(中级)分三部分：

    1. 听后重复(10题，5分钟)

    2. 看图说话(2题，4分钟)

    3. 回答问题(2题，4分钟)

二、 全部考试约23分钟(含准备时间10分钟)。

第一部分

第1-10题：听后重复

第二部分

第11-12题：看图说话

11. (2分钟)

12. (2分钟)

第三部分

第13-14题：回答问题

Qǐng jièshào yíxià nǐ de jiāxiāng.
13. 请 介绍 一下 你的 家乡。(2分钟)

Qǐng shuō yí jiàn ràng nǐ yìnxiàng shēnkè de shì.
14. 请 说 一件 让 你 印象 深刻 的 事。(2分钟)

中文水平考试
HSK 口语(中级)
模拟试题(五)

注　意

一、　HSK口语(中级)分三部分：

　　1. 听后重复(10题，5分钟)

　　2. 看图说话(2题，4分钟)

　　3. 回答问题(2题，4分钟)

二、　全部考试约23分钟(含准备时间10分钟)。

第一部分

第1-10题：听后重复

第二部分

第11-12题：看图说话

11. (2分钟)

12. (2分钟)

第三部分

第13-14题：回答问题

Nǐ zuì xǐhuan shénme dòngwù?
13. 你最喜欢什么动物？(2分钟)

Péngyou guò shēngrì de shíhou, nǐ yìbān sòng shénme lǐwù?
14. 朋友过生日的时候，你一般送什么礼物？(2分钟)

中文水平考试
HSK 口语(中级)

模拟试题(六)

注 意

一、 HSK口语(中级)分三部分：

1. 听后重复(10题，5分钟)

2. 看图说话(2题，4分钟)

3. 回答问题(2题，4分钟)

二、 全部考试约23分钟(含准备时间10分钟)。

第一部分

第1-10题：听后重复

第二部分

第11-12题：看图说话

11. (2分钟)

12. (2分钟)

第三部分

第13-14题：回答问题

13. 说一说你想去什么地方旅游。(2分钟)

14. 很多人都想减肥，对此你怎么看？(2分钟)

中文水平考试
HSK 口语(中级)
模拟试题(七)

注 意

一、 HSK口语(中级)分三部分:

　　1. 听后重复(10题,5分钟)

　　2. 看图说话(2题,4分钟)

　　3. 回答问题(2题,4分钟)

二、 全部考试约23分钟(含准备时间10分钟)。

第一部分

第1-10题：听后重复

第二部分

第11-12题：看图说话

11. （2分钟）

12. （2分钟）

第三部分

第13-14题：回答问题

Nǐ xǐhuan shénmeyàng de péngyou, wèishénme?
13. 你 喜欢 什么样 的 朋友，为什么? (2分钟)

Rúguǒ néng huídào wǔ nián qián, nǐ huì duì zìjǐ shuō shénme?
14. 如果 能 回到 五 年 前，你 会 对 自己 说 什么? (2分钟)

中文水平考试
HSK 口语(中级)

模拟试题(八)

注 意

一、 HSK口语(中级)分三部分：

1. 听后重复(10题，5分钟)

2. 看图说话(2题，4分钟)

3. 回答问题(2题，4分钟)

二、 全部考试约23分钟(含准备时间10分钟)。

第一部分

第1-10题：听后重复

第二部分

第11-12题：看图说话

11. (2分钟)

12. (2分钟)

第三部分

第13-14题：回答问题

Nǐ xīnqíng bù hǎo de shíhou, yìbān huì zuò shénme?
13. 你 心情 不好 的 时候，一般 会 做 什么？(2分钟)

Rúguǒ yào qù yīyuàn kànwàng shēngbìng de péngyou, nǐ huì dài shénme?
14. 如果 要 去 医院 看望 生病 的 朋友，你 会 带 什么？(2分钟)

中文水平考试
HSK 口语(中级)
模拟试题(九)

注 意

一、 HSK口语(中级)分三部分：

1. 听后重复(10题，5分钟)

2. 看图说话(2题，4分钟)

3. 回答问题(2题，4分钟)

二、 全部考试约23分钟(含准备时间10分钟)。

第一部分

第1-10题：听后重复

第二部分

第11-12题：看图说话

11.（2分钟）

12.（2分钟）

第三部分

第13-14题：回答问题

Nǐ zuì xǐhuan de yí bù diànyǐng shì shénme?
13. 你 最 喜欢 的 一 部 电影 是 什么？(2分钟)

Rúguǒ yǒu yí ge xīngqī de jiàqī, nǐ huì zěnme ānpái?
14. 如果 有 一 个 星期 的 假期，你 会 怎么 安排？(2分钟)

中文水平考试
HSK 口语(中级)
模拟试题(十)

注　意

一、　HSK口语(中级)分三部分：

1. 听后重复(10题，5分钟)

2. 看图说话(2题，4分钟)

3. 回答问题(2题，4分钟)

二、　全部考试约23分钟(含准备时间10分钟)。

第一部分

第1-10题：听后重复

第二部分

第11-12题：看图说话

11. （2分钟）

12. （2分钟）

第三部分

第13-14题：回答问题

Nǐ zuì xǐhuan shénme yùndòng?
13. 你 最 喜欢 什么 运动？(2分钟)

Rúguǒ nǐ zài bù shúxi de dìfang mílù le, huì zěnme bàn?
14. 如果 你 在 不 熟悉 的 地方 迷路 了，会 怎么 办？(2分钟)

실전 모의고사 1회 66
실전 모의고사 2회 78
실전 모의고사 3회 92
실전 모의고사 4회 106
실전 모의고사 5회 120
실전 모의고사 6회 133
실전 모의고사 7회 145
실전 모의고사 8회 158
실전 모의고사 9회 171
실전 모의고사 10회 183

HSKK 중급 실전 모의고사
모범 답안 및 해설

실전 모의고사 1회  모범 답안 및 해설

第一部分

🎧 01-01

1 Zuótiān / tā chídào le. (끊어읽기)
昨天 / 他 迟到 了。 어제 그는 지각했다.

문장 구조 파악 주어 + 동사서술어
　　　　　　　　　他　　迟到

수식 성분 파악

부사어 시간명사 : 昨天
　→ 시간명사는 주어 앞뒤에 모두 위치 가능하니, 위치를 정확하게 기억하기.

> **코너 속 어법 Tip**
> 이미 동작이 완료되었음을 나타내는 동태조사 了 잊지 않기!

어휘 迟到 chídào 동 지각하다

🎧 01-02

2 Míngtiān diànyǐngyuàn bù kāi mén.
明天 / 电影院 不 开 门。 내일 영화관은 문을 열지 않는다.

문장 구조 파악 주어 + 동사서술어 + 목적어
　　　　　　　　电影院　　开　　　门

수식 성분 파악

부사어 시간명사 : 明天
　　　　부정부사 : 不
　→ 부사는 반드시 주어 뒤 서술어 앞에 위치하기.

어휘 电影院 diànyǐngyuàn 명 영화관

66

3

🎧 01-03

Jīntiān de yǎnchū tèbié jīngcǎi.
今天 的 演出 / 特别 精彩。 오늘의 공연은 아주 훌륭했다.

문장 구조 파악 주어 + 형용사서술어
　　　　　　　　　演出　　精彩

수식 성분 파악

관형어 주어 수식 : 今天
　　➜ 구조조사 的 잊지 않기.

부사어 정도부사 : 特别

어휘　演出 yǎnchū [명][동] 공연(하다) ｜ 特别 tèbié [부] 특히, 아주 ｜ 精彩 jīngcǎi [형] 뛰어나다, 훌륭하다

4

🎧 01-04

Wǒ cónglái méi kàn guo jīngjù.
我 / 从来 没 看 过 / 京剧。 나는 여태껏 경극을 본 적이 없다.

문장 구조 파악 주어 + 동사서술어 + 목적어
　　　　　　　　　我　　　看　　京剧

수식 성분 파악

부사어 시간부사 : 从来

　　　　부정부사 : 没
　　　　➜ 부정부사 不나 没(有)는 일반적으로 다른 부사 뒤에 위치함.

> **코너 속 어법 Tip**
> 경험을 나타내는 동태조사 过 잊지 않기!

어휘　从来 cónglái [부] 지금까지, 여태껏 ｜ 京剧 jīngjù [명] 경극

🎧 01-05

5
Zhèxiē yào yígòng sìbǎi kuài qián.
这些 药 / 一共 四百 块 钱。 이 약들은 모두 400위안이다.

문장 구조 파악 주어 + 명사서술어 ➡ 명사술어문
　　　　　　　　 药　　　四百块钱

> **코너 속 어법 Tip**
> 명사술어문은 동사 是가 생략된 문형으로, 주로 시간·나이·날짜·요일·날씨·가격 등을 표현할 때 사용된다.
> 예 今天(是)星期三。 오늘은 수요일이다.
> 　　现在(是)三点。 지금은 세 시이다.

수식 성분 파악

관형어 지시대사 + (수사) + 양사 : 这(一)些
부사어 부사 : 一共

어휘 药 yào 명 약 | 一共 yígòng 부 전부, 모두

🎧 01-06

6
Gēge jīngcháng gēn wǒ kāi wánxiào.
哥哥 / 经常 跟 我 / 开 玩笑。 오빠는 자주 나에게 농담을 한다.

문장 구조 파악 주어 + 동사서술어 + 목적어
　　　　　　　　 哥哥　　　开　　　玩笑

수식 성분 파악

부사어 부사 : 经常
　　　 전치사구 : 跟我

> **코너 속 어법 Tip**
> 부사어의 어순 : 시간명사 + 부(부사) + 조(조동사) + 개(개사구/전치사구)

어휘 经常 jīngcháng 부 자주 | 开玩笑 kāi wánxiào 농담을 하다, 놀리다

68

🎧 01-07

7 Wǒmen xià zhōuyī yīnggāi kāi ge huì.
我们 / 下 周一 / 应该 开 个 会。 우리는 다음 주 월요일에 회의를 좀 해야 한다.

문장 구조 파악 주어 + 동사서술어 + 목적어
我们   开   会

수식 성분 파악

부사어 시간명사 : 下周一

　　　조동사 : 应该(의무나 도리 : ~해야 한다)

> **코너 속 어법 Tip**
> 이합동사 사이에 个를 사용하면 가벼운 동작을 나타낼 수 있다.
> 예 洗个澡 (가볍게) 샤워하다, 睡个觉 잠을 좀 자다

어휘 下周一 xià zhōuyī 다음 주 월요일 | 应该 yīnggāi [조동] 마땅히 ~해야 한다 | 开会 kāihuì [이합사] 회의를 하다

🎧 01-08

8 Zánmen shì zuò fēijī háishi zuò huǒchē?
咱们 / 是 坐 飞机 / 还是 坐 火车? 우리는 비행기를 타나요, 아니면 기차를 타나요?

문장 구조 파악 是 A 还是 B ?　A인가 아니면 B인가? → 선택의문문
　　　　　　　　坐飞机　坐火车

> **코너 속 어법 Tip**
> **我们과 咱们의 차이**
> ▶ 我们 : 청자(이 말을 듣는 사람)를 포함 혹은 불포함 모두 가능
> ▶ 咱们 : 청자를 반드시 포함

🎧 01-09

9 Diànnǎo duì rénmen de shēnghuó yǐngxiǎng hěn dà.
电脑 / 对 人们 的 生活 / 影响 很 大。
컴퓨터는 사람들의 생활에 영향이 크다.

문장 구조 파악 주어 + 주술서술어 ➡ 주술술어문
　　　　　　　　　주어 + 서술어
　　　　　　　 电脑　影响　大

> **코너 속 어법 Tip**
> 주술술어문은 서술어가 '주어 + 서술어' 구조로 되어 있는 문장을 뜻한다.
> 예 他的 身体 很 好。그의 건강은 좋다.
> 　　주어　형용사서술어 → 형용사술어문
>
> 　他　身体很好。그는 건강이 좋다.
> 　주어　주술서술어 → 주술술어문

수식 성분 파악

부사어 전치사구 : 对人们的生活
　　　　정도부사 : 很

어휘　电脑 diànnǎo 몡 컴퓨터 | 生活 shēnghuó 몡동 생활(하다) | 影响 yǐngxiǎng 몡동 영향(을 주다)

🎧 01-10

10 Wǒ yīnggāi bǎ hùzhào fàngzài zhuōzishàng le.
我 应该 / 把 护照 / 放在 桌子上 了。 나는 여권을 책상 위에 두었을 것이다.

문장 구조 파악 주어 + 동사서술어 + 목적어
　　　　　　　　　我　　放在　　桌子上

수식 성분 파악

부사어 조동사 : 应该(추측 : ~일 것이다)
　　　　전치사구 : 把护照

> **코너 속 어법 Tip**
> 변화(여기서는 장소의 변화)를 나타내는 어기조사 了 잊지 않기!

어휘　护照 hùzhào 몡 여권

第二部分

🎧 01-11

11

| STEP1 | 사진에서 떠올릴 수 있는 표현들 생각해 보기 |

인물	我 wǒ [대] 나, 저 丈夫 zhàngfu [명] 남편
사물	沙发 shāfā [명] 소파
동작	搬 bān [동] 운반하다, 옮기다, 이사하다 抬 tái [동] 들(어올리)다
감정	高兴 gāoxìng [형] 기쁘다, 즐겁다 开心 kāixīn [형] 유쾌하다, 즐겁다

| STEP2 | 사진 앞의 배경과 사진 이후의 결과를 보충하여 스토리 만들기 |

배경	→	사진의 상황	→	결과
오늘 이사를 함		남편과 내가 새 소파를 옮김		힘들었지만 새집으로 이사해 기쁨

🔊 모범 답안 高级版

Jīntiān wǒmen bānjiā le. Wǒ hé zhàngfu bǎ zhěnglǐhǎo de xiāngzi yí ge yí ge
今天 我们 搬家 了。我 和 丈夫 把 整理好 的 箱子 一 个 一 个
bān jìn le xīn fángzili, zuìhòu wǒmen yìqǐ bǎ xīn shāfā bān qǐlai fàngzài le héshì de
搬 进 了 新 房子里, 最后 我们 一起 把 新 沙发 搬 起来 放在 了 合适 的
dìfang. Zhàngfu de lìqi hěn dà, bān shāfā de shíhou fēicháng qīngsōng. Suīrán wǒmen
地方。丈夫 的 力气 很 大, 搬 沙发 的 时候 非常 轻松。虽然 我们

jīntiān dōu hěn lèi, yào zuò de shìqing hěn duō, dànshì wǒ hé zhàngfu dōu fēicháng
今天 都 很 累，要 做 的 事情 很 多，但是 我 和 丈夫 都 非常

gāoxìng. Yīnwèi wǒmen tèbié xǐhuan zhè ge xīn fángzi, hěn qīdài yǐhòu zhùzài zhèli
高兴。因为 我们 特别 喜欢 这 个 新 房子，很 期待 以后 住在 这里

de shēnghuó.
的 生活。

해석 오늘 우리는 이사를 했다. 나와 남편은 정리된 상자를 하나하나 새집으로 옮겨 넣었고, 마지막으로 우리는 함께 새 소파를 옮겨서 적합한 곳에 두었다. 남편의 힘이 세서, 소파를 옮길 때 매우 수월했다. 비록 우리는 오늘 모두 힘들었고, 해야 할 일이 많았지만, 나와 남편은 모두 매우 기뻤다. 왜냐하면 우리는 이 새집을 아주 좋아해서, 나중에 여기서 살게 될 삶을 매우 기대하기 때문이다.

어휘 搬家 bānjiā [동] 이사하다 | 整理 zhěnglǐ [동] 정리하다 | 箱子 xiāngzi [명] 상자, 트렁크 | 合适 héshì [형] 적당하다, 알맞다 | 力气 lìqi [명] (육체적인) 힘 | 轻松 qīngsōng [형] (일이) 수월하다, (기분이) 홀가분하다 | 期待 qīdài [동] 기대하다

모범 답안 — 简单版

Jīntiān wǒmen bānjiā le. Wǒ hé zhàngfu yìqǐ tái qǐ shāfā, bǎ tā fàngdào le
今天 我们 搬家 了。我 和 丈夫 一起 抬 起 沙发，把 它 放到 了

héshì de dìfang. Zhàngfu yìzhí xiào zhe wèn wǒ lèi bu lèi, wǒ huídá shuō, suīrán
合适 的 地方。丈夫 一直 笑 着 问 我 累 不 累，我 回答 说，虽然

yǒudiǎnr lèi, dàn wǒ hěn kāixīn, yīnwèi wǒ hěn xǐhuan zhè ge xīn fángzi.
有点儿 累，但 我 很 开心，因为 我 很 喜欢 这 个 新 房子。

해석 오늘 우리는 이사했다. 나와 남편은 함께 소파를 들어, 그것을 적합한 곳에 놓았다. 남편은 줄곧 웃으면서 나에게 힘든지 아닌지 물었고, 나는 비록 조금 힘들지만, 이 새집을 좋아하기 때문에 기쁘다고 대답했다.

어휘 一直 yìzhí [부] 줄곧, 계속해서 | 笑 xiào [동] 웃다

🎧 01-12

12

STEP1 사진에서 떠올릴 수 있는 표현들 생각해 보기

인물	我 wǒ [대] 나, 저 同学们 tóngxuémen 반 친구들
동작	做题 zuò tí 문제를 풀다 做练习题 zuò liànxítí 연습문제를 풀다 思考 sīkǎo [동] 사고하다
감정	着急 zháojí [형] 조급해하다, 안달하다 认真 rènzhēn [형] 진지하다, 성실하다

STEP2 사진 앞의 배경과 사진 이후의 결과를 보충하여 스토리 만들기

배경	사진의 상황	결과
오늘 수업 내용이 어려움	연습문제를 풀지 못함	선생님이 다시 한번 강의함

모범 답안 高级版

Jīntiān shàngkè de shíhou, lǎoshī jiǎng de nèiróng fēicháng nán, suǒyǐ hěn duō
今天 上课 的 时候，老师 讲 的 内容 非常 难，所以 很 多
tóngxué dōu méi tīngdǒng, wǒ yě méi tīng míngbai. Dāng lǎoshī ràng wǒmen zuò
同学 都 没 听懂，我 也 没 听 明白。当 老师 让 我们 做
liànxítí shí, wǒ kàn zhe shūshàng de tí, xiǎng le hěn jiǔ, háishi bù zhīdào zěnme
练习题 时，我 看 着 书上 的 题，想 了 很 久，还是 不 知道 怎么
zuò. Wǒ kàn le yíxià shēnbiān de tóngxué, dàjiā yě hé wǒ yíyàng, zhèngzài rènzhēn
做。我 看 了 一下 身边 的 同学，大家 也 和 我 一样，正在 认真
de sīkǎo, kàn qǐlai dōu hěn zháojí. Zuìhòu lǎoshī zhǐhǎo chóngxīn gěi wǒmen jiǎng le
地 思考，看 起来 都 很 着急。最后 老师 只好 重新 给 我们 讲 了
yí biàn, bìngqiě gàosu wǒmen, shàngkè qián yídìng yào yùxí shūshàng de nèiróng.
一 遍，并且 告诉 我们，上课 前 一定 要 预习 书上 的 内容。

해석 오늘 수업할 때, 선생님이 강의한 내용이 매우 어려웠고, 그래서 많은 반 친구들이 모두 이해하지 못했으며, 나도 이해하지 못했다. 선생님이 우리에게 연습문제를 풀라고 하셨을 때, 나는 책의 문제를 보면서 한참 동안 생각했지만, 여전히 어떻게 풀어야 할지 몰랐다. 나는 주변의 반 친구들을 한번 봤는데, 모두 역시 나와 마찬가지로 진지하게 생각하고 있었고, 다들 조급해 보였다. 마지막에 선생님은 어쩔 수 없이 우리에게 다시 한번 강의해 주셨고, 또한 우리에게 수업 전 반드시 책의 내용을 예습해야 한다고 말씀하셨다.

어휘 内容 nèiróng 몡 내용 | 明白 míngbai 동 이해하다 | 久 jiǔ 형 오래다, (시간이) 길다 | 最后 zuìhòu 몡 최후, 맨 마지막 | 身边 shēnbiān 몡 주변, 곁 | 只好 zhǐhǎo 부 어쩔 수 없이, 할 수 없이, 부득이 | 重新 chóngxīn 부 1. 다시 2. 처음부터 | 遍 biàn 양 번, 회(처음부터 끝까지의 전 과정을 나타냄) | 并且 bìngqiě 접 또한, 게다가, 더욱이 | 告诉 gàosu 동 알리다, 말하다 | 预习 yùxí 동 예습하다

모범 답안 ▶ 简单版

Jīntiān shàngkè de shíhou, lǎoshī jiǎng de nèiróng hěn nán, wǒ hé tóngxuémen
今天 上课 的 时候，老师 讲 的 内容 很 难，我 和 同学们
dōu méi tīngdǒng, suǒyǐ bú huì zuò tí. Dàjiā dōu rènzhēn de sīkǎo le, dàn háishi bú
都 没 听懂，所以 不 会 做 题。大家 都 认真 地 思考 了，但 还是 不
huì. Lǎoshī zhǐhǎo yòu gěi wǒmen jiǎng le yí biàn.
会。老师 只好 又 给 我们 讲 了 一 遍。

해석 오늘 수업할 때, 선생님이 강의한 내용이 어려웠고, 나와 반 친구들은 모두 이해하지 못했으며, 그래서 문제를 풀 수 없었다. 모두가 진지하게 생각했지만, 여전히 풀 수 없었다. 선생님은 어쩔 수 없이 우리에게 다시 한번 강의해 주셨다.

第三部分

🎧 01-13

13 Qǐng jièshào yíxià nǐ zuì xǐhuan de lǎoshī.
请 介绍 一下 你 最 喜欢 的 老师。
당신이 가장 좋아하는 선생님을 소개해 주세요.

思路 정리하기

1. 직접적으로 어떤 선생님인지 언급
2. 선생님에 대한 자세한 소개 ❶ 이름과 나이
   ❷ 성격
   ❸ 나와의 에피소드
3. 선생님을 뵈러 갈 계획임

모범 답안 高级版

Wǒ zuì xǐhuan wǒ gāozhōng shí de shùxué lǎoshī. Tā xìng Wáng, jīnnián
我 最 喜欢 我 高中 时 的 数学 老师。她 姓 王, 今年
sānshíwǔ suì le. Wáng lǎoshī búdàn piàoliang, érqiě xìnggé fēicháng hǎo, duì wǒmen
35 岁 了。王 老师 不但 漂亮, 而且 性格 非常 好, 对 我们
hěn qīnqiè, suǒyǐ bānli de tóngxué dōu xǐhuan tā. Yǒu yícì wǒ dǎ lánqiú shòushāng
很 亲切, 所以 班里 的 同学 都 喜欢 她。有 一次 我 打 篮球 受伤
le, Wáng lǎoshī hěn dānxīn wǒ, qīnzì dài wǒ qù le yīyuàn. Zhè jiàn shì gěi wǒ
了, 王 老师 很 担心 我, 亲自 带 我 去 了 医院。这 件 事 给 我
liú xià le shēnkè de yìnxiàng, wǒ fēicháng gǎnxiè tā. Xiànzài suīrán wǒmen yǐjīng
留下 了 深刻 的 印象, 我 非常 感谢 她。现在 虽然 我们 已经
shàng dàxué le, dànshì dàjiā shuōhǎo le, fàngjià de shíhou huì yìqǐ huí xuéxiào
上 大学 了, 但是 大家 说好 了, 放假 的 时候 会 一起 回 学校
kànwàng Wáng lǎoshī.
看望 王 老师。

해석 나는 내 고등학교 때 수학 선생님을 가장 좋아한다. 그녀는 성이 왕 씨이고, 올해 35세가 되었다. 왕 선생님은 예쁠 뿐만 아니라, 성격이 매우 좋아서 우리에게 다정했다. 그래서 반의 학우들은 모두 그녀를 좋아했다. 한번은 내가 농구하다가 부상을 당했는데, 왕 선생님은 나를 매우 걱정하셔서 직접 나를 데리고 병원에 가셨다. 이 일은 나에게 깊은 인상을 남겼고, 나는 그녀에게 매우 감사했다. 지금은 비록 우리가 이미 대학에 들어갔지만, 모두 방학했을 때 함께 학교로 돌아가 왕 선생님을 찾아 뵙기로 이야기했다.

어휘 高中 gāozhōng 몡 고등학교 | 数学 shùxué 몡 수학 | 性格 xìnggé 몡 성격 | 亲切 qīnqiè 혱 친절하다, 다정하다 | 篮球 lánqiú 몡 농구 | 受伤 shòushāng 이합사 부상을 당하다 | 担心 dānxīn 통 걱정하다 | 亲自 qīnzì 甲 몸소, 친히, 직접 | 带 dài 통 이끌다, 데리다 | 留下 liú xià 남다, 남기다 | 深刻 shēnkè 혱 깊다 | 印象 yìnxiàng 몡 인상 | 感谢 gǎnxiè 통 감사하다 | 放假 fàngjià 이합사 방학하다 | 看望 kànwàng 통 방문하다, 문안하다, 찾아가 보다

주요 표현 정리

1. 王老师不但漂亮, 而且性格非常好,

   ★ **不但A, 而且B** : A할 뿐만 아니라, (게다가) B하다
   예 他不但会说英语, 而且会说汉语。
   그는 영어를 할 줄 알 뿐만 아니라, 중국어도 할 줄 안다.

2. 现在虽然我们已经上大学了, 但是大家说好了,

   ★ **虽然A, 但是B** : 비록 A하지만, (그러나) B하다
   예 虽然今天下雨了, 但是我还是要去上课。
   비록 오늘 비가 오지만, 나는 그래도 수업을 가려고 한다.

3. 중요한 搭配(따페이) 암기하기

   ★ **留下 + 印象** : 인상을 남기다

모범 답안 ▶ 简单版

Wǒ zuì xǐhuan gāozhōng de shùxué lǎoshī. Tā xìng Wáng, jīnnián sānshíwǔ suì
我 最 喜欢 高中 的 数学 老师。她 姓 王, 今年 35 岁
le. Wáng lǎoshī hěn piàoliang, érqiě fēicháng qīnqiè, jīngcháng duì wǒmen xiào, duì
了。王 老师 很 漂亮, 而且 非常 亲切, 经常 对 我们 笑, 对
měi ge tóngxué dōu hěn zhàogù. Suǒyǐ tóngxuémen dōu fēicháng xǐhuan tā.
每 个 同学 都 很 照顾。所以 同学们 都 非常 喜欢 她。

해석 나는 고등학교의 수학 선생님을 가장 좋아한다. 그녀는 성이 왕 씨이고, 올해 35세가 되었다. 왕 선생님은 예쁘시고 다정해서, 자주 우리에게 웃어주고, 모든 반 친구들을 매우 보살펴 주셨다. 그래서 반 친구들은 모두 그녀를 매우 좋아한다.

어휘 照顾 zhàogù 동 돌보다, 보살펴 주다

🎧 01-14

14
Nǐ píngshí zuì xǐhuan chī shénme? Wèishénme?
你 平时 最 喜欢 吃 什么? 为什么?
당신은 평소에 무엇을 먹는 것을 가장 좋아합니까? 왜입니까?

思路 정리하기

1. 단 음식 먹는 것을 좋아함
2. 구체적 예시와 이유 ❶ 케이크, 초콜릿 ➡ 기분을 좋게 만들어 줌
   ❷ 과일 ➡ 건강에 좋음

모범 답안 ▶ 高级版

Wǒ píngshí tèbié xǐhuan chī tián de dōngxi, bǐrú dàngāo、qiǎokèlì děngděng.
我 平时 特别 喜欢 吃 甜 的 东西, 比如 蛋糕、巧克力 等等。
Tèbié shì wǒ yālì dà de shíhou, huì mǎi tián de dōngxi chī, yīnwèi chī tián de dōngxi
特别 是 我 压力 大 的 时候, 会 买 甜 的 东西 吃, 因为 吃 甜 的 东西
huì ràng rén de xīnqíng biànhǎo. Lìngwài, wǒ yě xǐhuan chī shuǐguǒ, dàbùfen de
会 让 人 的 心情 变好。另外, 我 也 喜欢 吃 水果, 大部分 的
shuǐguǒ yě shì tián de, dànshì hé chī dàngāo xiāngbǐ, chī shuǐguǒ duì wǒmen
水果 也 是 甜 的, 但是 和 吃 蛋糕 相比, 吃 水果 对 我们
de jiànkāng gèng yǒu hǎochù.
的 健康 更 有 好处。

해석 나는 평소에 단 음식을 먹는 것을 아주 좋아하는데, 예를 들어 케이크, 초콜릿 등이다. 특히 나는 스트레스가 클 때 단 음식을 사서 먹는다. 왜냐하면 단 음식을 먹는 것은 사람의 기분을 좋게 변화시키기 때문이다. 그밖에 나는 또한 과일 먹는 것을 좋아하는데, 대부분의 과일도 단 것이지만, 케이크와 비교하면 과일을 먹는 것이 우리의 건강에 더 좋은 점이 있다.

어휘 甜 tián 형 (맛이) 달다 | 比如 bǐrú 동 예를 들어, 예컨대 | 蛋糕 dàngāo 명 케이크 | 巧克力 qiǎokèlì 명 초콜릿 | 特别是 tèbié shì 특히 | 压力 yālì 명 스트레스 | 心情 xīnqíng 명 심정, 마음, 기분 | 另外 lìngwài 부 그밖에 | 大部分 dàbùfen 대부분 | 好处 hǎochù 명 좋은 점, 이로운 점

> **주요 표현 정리**
>
> 1. 和吃蛋糕相比,
>   ★ 跟/和/与A相比 : A와 비교하다
>   예 和昨天相比, 今天的天气更好。 어제와 비교할 때, 오늘의 날씨가 더 좋다.
>
> 2. 吃水果对我们的健康更有好处。
>   ★ A对健康有好处 : A는 건강에 좋다
>   예 早起对健康有好处。 일찍 일어나는 것은 건강에 좋다.

모범 답안 简单版

Wǒ xǐhuan chī tián de dōngxi, bǐrú dàngāo、shuǐguǒ děngděng. Wǒ yǒu yālì de
我 喜欢 吃 甜 的 东西, 比如 蛋糕、水果 等等。 我 有 压力 的
shíhou, jīngcháng mǎi tián de dōngxi chī, yīnwèi chī le tiántián de dōngxi yǐhòu,
时候, 经常 买 甜 的 东西 吃, 因为 吃 了 甜甜 的 东西 以后,
xīnqíng huì hěn hǎo.
心情 会 很 好。

해석 나는 단 음식을 먹는 것을 좋아하는데, 예를 들어 케이크, 과일 등이다. 나는 스트레스가 있을 때 자주 단 음식을 사서 먹는데, 왜냐하면 아주 단 음식을 먹은 후에 기분이 좋기 때문이다.

실전 모의고사 2회

A02 MP3 모범 답안 및 해설

第一部分

🎧 02-01

1
Wǒ zuìjìn jīngcháng qù yóuyǒng.
我 最近 / 经常 去 游泳。 나는 최근에 자주 수영하러 간다.

문장 구조 파악 주어 + 동사1 + 동사2 + 목적어2 ➡ 연동문
　　　　　　　　我　　去　　游　泳

코너 속 어법 Tip
연동문은 하나의 주어에 두 개 이상의 동사가 이어지는 문형이다. 이때 동사는 시간의 흐름에 따라 나열한다(일단 가야 수영할 수 있음).

수식 성분 파악

부사어 시간명사 : 最近
➡ 시간명사는 주어 앞뒤에 모두 위치 가능하니, 위치를 정확하게 기억하기.
　부사 : 经常

코너 속 어법 Tip
부사어의 어순 : 시간명사 + 부(부사) + 조(조동사) + 개(개사구/전치사구)

어휘 游泳 yóuyǒng [이합사] 수영하다

🎧 02-02

2
Huìyì cáiliào dōu zhǔnbèihǎo le ma?
会议 材料 / 都 准备好 了 吗? 회의 자료는 모두 준비되었나요?

문장 구조 파악 주어 + 동사서술어
　　　　　　　　会议材料　准备

수식 성분 파악

부사어 부사 : 都
➡ 부사는 반드시 주어 뒤 서술어 앞에 위치하기.

보어 결과보어 : 好

➡ 결과보어 好는 동작이 잘 마무리되었음을 나타냄.

> **코너 속 어법 Tip**
> 동사가 결과보어를 가진다는 것은 동작이 다 완료되어 결과가 나왔다는 뜻이다. 따라서 종종 동작의 완료를 나타내는 동태조사 了와 함께 사용한다.

어휘 会议 huìyì 명 회의 | 材料 cáiliào 명 1. 재료 2. 자료 | 准备 zhǔnbèi 동 1. 준비하다 2. ~할 계획이다

🎧 02-03

3
Zhōngguó yígòng yǒu wǔshíwǔ ge shǎoshù mínzú.
中国 一共 有 / 55 个 少数 民族。
중국은 모두 55개의 소수민족이 있다.

문장 구조 파악 주어 + 동사서술어 + 목적어
中国   有   少数民族

수식 성분 파악

부사어 부사 : 一共
관형어 수량사 : 55个

어휘 少数民族 shǎoshù mínzú 소수민족

🎧 02-04

4
Wǒ jīntiān xiàwǔ děi qù yí tàng yóujú.
我 今天 下午 / 得 去 一 趟 邮局。
나는 오늘 오후에 우체국에 한 번 갔다 와야 한다.

문장 구조 파악 주어 + 동사서술어 + 목적어
我   去   邮局

수식 성분 파악

부사어 시간명사 : 今天下午
　　　　조동사 : 得(~해야 한다)
보어 동량보어 : 一趟(차례, 번 : 왕복하는 동작의 횟수를 나타냄)

코너 속 어법 Tip

동량보어의 위치

❶ 목적어가 인칭대명사일 때 : [동사 + 목적어 + 동량보어]
　　　　　　　　　　　　　　找过　他　一次

❷ 목적어가 일반명사일 때 : [동사 + 동량보어 + 목적어]
　　　　　　　　　　　　　看过　一次　电影

❸ 목적어가 고유명사(지명·인명)일 때 : [동사 + 동량보어 + 목적어]
　　　　　　　　　　　　　　　　　　　　去过　一次　北京
　　　　　　　　　　　　　　　　　　　[동사 + 목적어 + 동량보어]
　　　　　　　　　　　　　　　　　　　　去过　北京　一次

❹ 이합동사와 쓰일 때 : [동사 + 동량보어 + 목적어]
　　　　　　　　　　　游过　一次　泳

Tip 목적어가 인칭대명사일 때만 반드시 가운데에, 그 외의 경우는 목적어를 가장 뒤로 쓰면 절대 틀리지 않는다.

어휘　邮局 yóujú 몡 우체국

🎧 02-05

5　Wǒmen dǎsuàn xià ge xīngqī qù lǚyóu.
　　我们　打算 / 下 个 星期 / 去 旅游。
　　우리는 다음 주에 여행 갈 계획이다.

문장 구조 파악　주어 + 동사서술어 + 서술성목적어
　　　　　　　　　我们　　打算　　下个星期去旅游

코너 속 어법 Tip

서술성목적어란?

❶ 목적어는 대부분 명사나 대명사이다.

　예 我看电影。 / 我找他。
　　　　명사　　　　대명사

❷ 하지만 일부 동사는 목적어에 형용사(구)나 동사(구)를 사용해야 한다. 이것을 서술성목적어라고 한다.

　예 我　觉得　她很漂亮。
　　주어　서술어　서술성목적어(형용사 漂亮 포함)
　　　我　觉得　她应该学汉语。
　　주어　서술어　서술성목적어(동사 学 포함)

서술성목적어 구조 부사어(시간명사) + 동사1 + 동사2 ➡ 연동문
　　　　　　　　　　下个星期　　去　旅游
　　　　　　　　　➡ 일단 가야 여행할 수 있음.

어휘　打算 dǎsuàn 동 ~할 계획이다 ｜ 旅游 lǚyóu 동 여행하다

🎧 02-06

6　Wǒ juéde zhè shuāng xiézi hěn shìhé nǐ.
　　我 觉得 / 这 双 鞋子 / 很 适合 你。
　　나는 이 신발이 너에게 잘 맞는다고 생각해.

문장 구조 파악 주어 + 동사서술어 + 서술성목적어
　　　　　　　　　我　　　觉得　　这双鞋子很适合你

서술성목적어 구조 관형어(지시대사+수량사) + 주어 + 부사어(정도부사) + 동사서술어 + 목적어
　　　　　　　　　　这(一)双　　　　鞋子　　　　很　　　　　适合　　　你

어휘　鞋子 xiézi 명 신발 ｜ 适合 shìhé 동 적합하다, 알맞다

🎧 02-07

7　Dàjiā dōu hěn guānxīn nín de shēntǐ jiànkāng.
　　大家 / 都 很 关心 / 您 的 身体 健康。
　　모두 당신의 신체 건강에 매우 관심을 가집니다.

문장 구조 파악 주어 + 동사서술어 + 목적어
　　　　　　　　　大家　　关心　　身体健康

수식 성분 파악

　부사어　범위부사 : 都
　　　　➡ 大家는 보통 大家都의 형태로 사용함.

　　　　정도부사 : 很
　　　　➡ 여러 개의 부사가 있을 때 정도부사는 보통 가장 마지막에 위치함.

　관형어　목적어 수식 : 您
　　　　➡ 구조조사 的 잊지 않기.

어휘　关心 guānxīn 동 관심을 갖다

🎧 02-08

8 Néng gàosu wǒ yíxià nǐ de diànhuà hàomǎ ma?
能 告诉 我 一下 / 你 的 电话 号码 吗?
나에게 당신의 전화번호를 좀 알려줄 수 있나요?

문장 구조 파악   동사서술어 + 간접목적어(~에게) + 직접목적어(~을)
　　　　　　　　　告诉　　　我　　　　　电话号码

> **코너 속 어법 Tip**
> **두 개의 목적어를 가지는 동사**
> 일부 동사는 간접목적어(~에게)와 직접목적어(~을) 두 개의 목적어를 가질 수 있다. 대표적으로 给, 问, 教(给), 送(给), 告诉 등이 이에 속한다.
>
> [주어 + 동사 + 간접목적어 + 직접목적어]
> 예 我　　问　　你　　一个问题。 내가 당신에게 하나의 질문을 하겠습니다.

수식 성분 파악

부사어 **조동사** : 能(~할 수 있다)

보어 **동량보어** : 一下(좀 ~하다 : 가벼운 동작을 나타냄)

> **코너 속 어법 Tip**
> **동량보어의 위치**
> 목적어가 인칭대명사일 때 : [동사 + 목적어 + 동량보어]
> 　　　　　　　　　　　　 告诉　　 我　　 一下

관형어 **직접목적어 수식** : 你
→ 구조조사 的 잊지 않기.

어휘 号码 hàomǎ 몡 번호

🎧 02-09

9 Nǐ bìxū děi xiǎng bànfǎ jiějué zhè ge wèntí.
你 必须 得 / 想 办法 / 解决 这 个 问题。
당신은 반드시 방법을 생각해서 이 문제를 해결해야 합니다.

문장 구조 파악 주어 + 동사1 + 목적어1 + 동사2 + 목적어2 ➡ **연동문**
　　　　　　　　　你　　想　　办法　　解决　　问题
→ 일단 방법을 생각해야 문제를 해결할 수 있음.

수식 성분 파악

부사어 부사 : 必须(반드시)

조동사 : 得(~해야 한다)

관형어 목적어2 수식 : 这个

어휘 解决 jiějué [동] 해결하다

🎧 02-10

10 Zhè jiàn shì gěi wǒ liú xià le hěn shēn de yìnxiàng.
这 件 事 / 给 我 留 下 了 / 很 深 的 印象。
이 일은 나에게 매우 깊은 인상을 남겼다.

문장 구조 파악
주어 + 동사서술어 + 목적어
事   留下   印象

수식 성분 파악

관형어 주어 수식 : 这件

부사어 전치사구 : 给我

관형어 목적어 수식 : 很深

→ 구조조사 的 잊지 않기.

> **코너 속 어법 Tip**
> 동작의 완료를 나타내는 동태조사 了 잊지 않기!

어휘 件 jiàn [양] 일을 세는 단위 | 留下 liú xià 남기다 | 深 shēn [형] 깊다 | 印象 yìnxiàng [명] 인상

第二部分

🎧 02-11

11

STEP1 사진에서 떠올릴 수 있는 표현들 생각해 보기

인물	我 wǒ [대] 나, 저 三个朋友 sān ge péngyou 세 친구
사물	电视 diànshì [명] 텔레비전(TV) 足球 zúqiú [명] 축구(공) 啤酒 píjiǔ [명] 맥주 零食 língshí [명] 간식 沙发 shāfā [명] 소파
동작	看足球比赛 kàn zúqiú bǐsài 축구 경기를 보다 欢呼 huānhū [동] 환호하다
감정	高兴 gāoxìng [형] 기쁘다, 즐겁다 激动 jīdòng [형] 감동하다, 흥분하다, 감격하다

STEP2 사진 앞의 배경과 사진 이후의 결과를 보충하여 스토리 만들기

배경	사진의 상황	결과
친구들과 함께 축구 경기를 보기로 약속함	1. 친구들이 맥주·간식·축구공을 가져옴 2. 소파에 앉아 경기를 시청함 3. 응원하는 팀이 골을 넣어 환호함	좋아하는 팀이 이기기를 바람 (혹은 이겼음)

모범 답안 — 高级版

Jīntiān yǒu fēicháng zhòngyào de zúqiú bǐsài, wǒ hé sān ge péngyou yuēhǎo
今天 有 非常 重要 的足球 比赛，我 和 三 个 朋友 约好
le zài wǒ jiā yìqǐ kàn bǐsài de zhíbō. Péngyoumen dài lái le píjiǔ hé língshí,
了在 我家 一起 看 比赛 的 直播。 朋友们 带 来 了 啤酒和 零食，
shènzhì hái dài lái le zúqiú. Wǒmen yìqǐ zuòzài shāfāshàng, yìbiān chī dōngxi, yìbiān
甚至 还 带 来 了 足球。我们 一起 坐在 沙发上， 一边 吃 东西，一边
kàn zhe jīngcǎi de zúqiú bǐsài. Tūrán, wǒmen zhīchí de qiú duì jìn le yí ge qiú,
看 着 精彩 的 足球 比赛。突然， 我们 支持 的 球 队 进了一个 球，
dàjiā dōu rěnbuzhù jīdòng de huānhū qǐlai. Wǒmen dōu xīwàng xǐhuan de qiú duì
大家 都 忍不住 激动 地 欢呼 起来。我们 都 希望 喜欢 的 球 队
zuìhòu yíngdé bǐsài.
最后 赢得 比赛。

해석 오늘 매우 중요한 축구 경기가 있는데, 나와 세 명의 친구들은 우리 집에서 함께 경기 생중계를 보기로 약속했다. 친구들은 맥주와 간식을 가져왔고, 심지어는 축구공도 가져왔다. 우리는 함께 소파에 앉아서, 음식을 먹으면서 멋진 축구 경기를 보고 있었다. 갑자기 우리가 응원하는 팀이 한 골을 넣었고 모두 참지 못하고 흥분해서 환호했다. 우리는 좋아하는 팀이 마지막에 경기에서 이기길 바란다.

어휘 重要 zhòngyào [형] 중요하다 | 约 yuē [동] 약속하다 | 直播 zhíbō [동] 생방송하다 | 甚至 shènzhì [접] 심지어 | 一边A一边B yìbiān A yìbiān B 한편으로 A하고 한편으로 B하다 | 精彩 jīngcǎi [형] 뛰어나다, 훌륭하다, 멋지다 | 突然 tūrán [형] 갑작스럽다 | 支持 zhīchí [동] 지지하다 | 队 duì [명] 팀 | 进球 jìn qiú 골을 넣다 | 忍不住 rěnbuzhù 참을 수 없다, ~하지 않을 수 없다 | 最后 zuìhòu [명] 최후, 맨 마지막 | 赢得 yíngdé [동] 이기다, 승리를 얻다

모범 답안 — 简单版

Jīntiān yǒu zúqiú bǐsài, wǒ de péngyoumen lái wǒ jiā, hé wǒ yìqǐ kàn
今天 有 足球 比赛，我 的 朋友们 来 我 家，和 我 一起 看
bǐsài. Wǒmen mǎi le chī de、hē de dōngxi, zuòzài shāfāshàng yìqǐ kàn zhe diànshì.
比赛。我们 买 了吃 的、喝 的 东西， 坐在 沙发上 一起 看 着 电视。
Zuìhòu wǒmen xǐhuan de qiú duì yíng le, dàjiā dōu gāoxìng jíle.
最后 我们 喜欢 的 球 队 赢 了，大家 都 高兴 极了。

해석 오늘 축구 경기가 있는데, 나의 친구들이 우리 집에 와서 나와 함께 경기를 봤다. 우리는 먹을 것과 마실 것을 사서, 소파에 앉아 함께 텔레비전을 보고 있었다. 마지막에 우리가 좋아하는 팀이 이겼고, 모두 매우 기뻐했다.

어휘 赢 yíng [동] 이기다

🎧 02-12

STEP1 사진에서 떠올릴 수 있는 표현들 생각해 보기

인물	我 wǒ [대] 나, 저 同事 tóngshì [명] 동료
사물	饮水机 yǐnshuǐjī [명] 음수기, 생수기
동작	接水 jiē shuǐ 물을 받다, 물을 뜨다 聊天儿 liáotiānr [이합사] 잡담하다, 이야기를 나누다

STEP2 사진 앞의 배경과 사진 이후의 결과를 보충하여 스토리 만들기

배경	→	사진의 상황	→	결과
휴식 시간에 물을 뜨러 감		생수기 옆에서 동료와 이야기를 나누게 됨(이야기 내용 만들기)		동료와의 대화는 재밌었음

🔊 모범 답안 高级版

Jīntiān shàngwǔ de gōngzuò jiéshù le. Xiūxi de shíhou wǒ qù yǐnshuǐjī
今天 上午 的 工作 结束 了。休息 的 时候 我 去 饮水机

nàlǐ jiē shuǐ, zài nàr kàndào le qiánduàn shíjiān qù Zhōngguó chūchāi de tóngshì.
那里 接 水，在 那儿 看到 了 前段 时间 去 中国 出差 的 同事。

Tā rèqíng de hé wǒ dǎ zhāohu, ránhòu wǒmen liáo qǐ tiānr lái. Tā gàosu wǒ tā
他 热情 地 和 我 打 招呼，然后 我们 聊 起 天儿 来。他 告诉 我 他

qù le Zhōngguó Shànghǎi, nàlǐ fāzhǎn de hěn kuài, fēicháng xiàndàihuà, érqiě
去 了 中国 上海，那里 发展 得 很 快，非常 现代化，而且

wǎnshang de yèjǐng hěn piàoliang. Tā hái gěi wǒ jiǎng le hěn duō zài Shànghǎi
晚上 的 夜景 很 漂亮。他 还 给 我 讲 了 很 多 在 上海

<pre>
fāshēng de shìr.   Bùzhī bùjué xiūxi shíjiān jiù jiéshù le, gēn tā liáotiānr zhēn yǒu
发生   的 事儿。不知 不觉 休息 时间 就 结束 了, 跟 他 聊天儿 真   有
yìsi.
意思。
</pre>

해석 오늘 오전 업무가 끝났다. 휴식할 때 나는 정수기에 물을 뜨러 갔고, 그곳에서 얼마 전 중국으로 출장 갔던 동료를 만나게 되었다. 그는 친절하게 나와 인사했고, 그런 다음 우리는 이야기를 나누기 시작했다. 그는 나에게 중국 상하이로 갔는데, 그곳은 빠르게 발전했고, 매우 현대화되었으며, 게다가 밤의 야경이 아름답다고 말해 주었다. 그는 또 나에게 상하이에서 발생한 많은 일을 이야기했다. 나도 모르게 휴식 시간이 끝났고, 그와 이야기하는 것은 정말 재미있었다.

어휘 结束 jiéshù 동 끝나다 | 出差 chūchāi 이합사 출장하다 | 热情 rèqíng 형 친절하다, 마음이 따뜻하다 | 打招呼 dǎ zhāohu 인사하다 | 然后 ránhòu 접 그런 후에 | 发展 fāzhǎn 동 발전하다 | 现代化 xiàndàihuà 동 현대화하다 | 夜景 yèjǐng 명 야경 | 发生 fāshēng 동 발생하다, 생기다 | 不知不觉 bùzhī bùjué 성 자기도 모르는 사이에

모범 답안 简单版

<pre>
            Jīntiān xiūxi de shíhou, wǒ qù jiē shuǐ, zài nàlǐ kàndào le gānggāng chūchāi
            今天   休息 的 时候, 我 去 接 水, 在 那里 看到 了 刚刚   出差
huílái de tóngshì. Tā hěn rèqíng de gēn wǒ dǎ zhāohu, ránhòu wǒmen yìqǐ liáotiānr.
回来 的 同事。他 很 热情 地 跟 我 打 招呼, 然后 我们 一起 聊天儿。
Tā gěi wǒ jiǎng le hěn duō chūchāi de shíhou fāshēng de shìr, wǒ juéde hěn yǒu
他 给 我 讲 了 很 多   出差 的 时候   发生 的 事儿,我 觉得 很 有
yìsi.
意思。
</pre>

해석 오늘 휴식할 때, 나는 물을 뜨러 갔고, 그곳에서 막 출장 갔다 돌아온 동료를 만나게 되었다. 그는 친절하게 나와 인사했고, 그런 다음 우리는 함께 이야기했다. 그는 나에게 출장 갔을 때 발생한 많은 일들을 이야기해 주었고, 나는 매우 재미있다고 생각했다.

어휘 刚刚 gānggāng 부 방금, 막

第三部分

🎧 02-13

13
Nǐ jiàqī de shíhou, yìbān zuò shénme?
你 假期 的 时候，一般 做 什么？
당신은 휴가 기간일 때 보통 무엇을 합니까?

思路 정리하기

1. 주로 집에서 휴식함
2. 구체적 설명 ❶ 잠을 잠
　　　　　　　 ❷ 영화를 봄
　　　　　　　 ❸ 요리를 함
　　　　　　　 ❹ 강아지와 놀아줌
3. 집에서 휴식하는 것이 더 편안하고 릴랙스 됨

모범 답안 高级版

Wǒ jiàqī de shíhou, yìbān zài jiā xiūxi, yīnwèi píngshí gōngzuò fēicháng máng,
我 假期 的 时候，一般 在 家 休息，因为 平时 工作 非常 忙，
suǒyǐ yào chèn jiàqī hǎohāor xiūxi. Chúle shuìjiào yǐwài, wǒ hái huì kàn jǐ bù
所以 要 趁 假期 好好儿 休息。除了 睡觉 以外，我 还 会 看 几 部
xǐhuan de diànyǐng, zài jiā zuò yìxiē yǒu yíngyǎng de cài chī, ránhòu hé wǒ yǎng de
喜欢 的 电影，在 家 做 一些 有 营养 的 菜 吃，然后 和 我 养 的
xiǎo gǒu yìqǐ wánr. Suīrán hěn duō rén juéde jiàqī yīnggāi gēn péngyou jiànmiàn,
小 狗 一起 玩儿。虽然 很 多 人 觉得 假期 应该 跟 朋友 见面，
huòzhě qù bié de dìfang lǚyóu, dàn wǒ rènwéi yí ge rén zài jiā xiūxi gèng shūfu
或者 去 别 的 地方 旅游，但 我 认为 一 个 人 在 家 休息 更 舒服
hé fàngsōng.
和 放松。

해석 나는 휴가 기간 때 보통 집에서 쉬는데, 평소 일이 매우 바쁘기 때문에 휴가 기간을 이용해 잘 휴식하려고 한다. 잠을 자는 것 이외에도, 나는 몇 편의 좋아하는 영화를 보고, 집에서 영양가 있는 요리를 만들어서 먹고, 그런 다음 내가 키우는 강아지와 함께 논다. 비록 많은 사람들은 휴가 기간에 친구와 만나거나 혹은 다른 곳에 여행하러 가야 한다고 생각하지만, 나는 혼자 집에서 쉬는 것이 더 편하고 릴랙스 할 수 있다고 생각한다.

어휘 假期 jiàqī 명 휴가 기간 | 营养 yíngyǎng 명 영양 | 养 yǎng 동 키우다, 기르다 | 小狗 xiǎo gǒu 강아지 | 旅游 lǚyóu 동 여행하다 | 舒服 shūfu 형 편안하다 | 放松 fàngsōng 동 늦추다, 느슨하게 하다, 편안하게 하다

> **주요 표현 정리**
>
> 1. 所以要趁假期好好儿休息。
>   - ★ 전치사 趁 : (때나 기회를) 이용해서, 빌어서, 틈타서
>   - 예) 趁热吃吧。 따뜻할 때 먹어요.
>
> 2. 除了睡觉以外，我还会看几部喜欢的电影。
>   - ★ 除了의 세 가지 용법
>   - ❶ 除了A以外，B也/还…… : A 이외에 B도 ~하다
>   - 예) 除了小王以外，别的同学也去了。
>   샤오왕 이외에, 다른 반 친구들도 갔다. (→ 샤오왕도 갔음)
>   - ❷ 除了A以外，B都…… : A를 제외하고 B는 모두 ~하다
>   - 예) 除了小王以外，别的同学都去了。
>   샤오왕을 제외하고, 다른 반 친구들은 모두 갔다. (→ 샤오왕은 가지 않음)
>   - ❸ 除了A，就是B : A 아니면 B(= 不是A就是B)
>   - 예) 这几天除了刮风，就是下雨。 요 며칠 바람이 불지 않으면 비가 온다.

모범 답안 › 简单版

Wǒ jiàqī de shíhou, yìbān zài jiā xiūxi. Yīnwèi píngshí gōngzuò tài lèi le,
我 假期 的 时候，一般 在 家 休息。因为 平时 工作 太 累 了，
xiūxi de shíjiān búgòu, suǒyǐ zài jiàqī de shíhou chángcháng hěn wǎn cái qǐchuáng,
休息 的 时间 不够，所以 在 假期 的 时候 常常 很 晚 才 起床，
ránhòu kànkan xǐhuan de diànyǐng, hé xiǎo gǒu yìqǐ wánr. Zhèyàng gèng néng ràng
然后 看看 喜欢 的 电影，和 小 狗 一起 玩儿。这样 更 能 让
wǒ fàngsōng.
我 放松。

해석 나는 휴가 기간 때 보통 집에서 쉰다. 평소 일이 너무 힘들고 휴식할 시간이 충분하지 않기 때문에, 휴가 기간일 때 종종 매우 늦게 일어나고, 그런 다음 좋아하는 영화를 보고, 강아지와 함께 논다. 이렇게 하는 것은 나를 더욱 릴랙스하게 만들어 준다.

어휘 够 gòu 동 충분하다

14. 你的爱好是什么?

Nǐ de àihào shì shénme?

당신의 취미는 무엇입니까?

思路 정리하기

1. 영화 보는 것을 좋아함
2. 특히 멜로 영화를 좋아함
3. 이 취미의 장점

모범 답안 高级版

我 喜欢 看 电影。电影院 在 我 家 附近，走 路 就 可以 到，
Wǒ xǐhuan kàn diànyǐng. Diànyǐngyuàn zài wǒ jiā fùjìn, zǒu lù jiù kěyǐ dào,
所以 我 经常 一 个 人 去 电影院 看 电影，大概 一 个 星期 去 一
suǒyǐ wǒ jīngcháng yí ge rén qù diànyǐngyuàn kàn diànyǐng, dàgài yí ge xīngqī qù yì
两 次。我 最 喜欢 看 浪漫 的 爱情片。我 觉得 大部分 爱情 电影里
liǎng cì. Wǒ zuì xǐhuan kàn làngmàn de àiqíngpiàn. Wǒ juéde dàbùfen àiqíng diànyǐngli
的 故事 都 非常 感人，每 次 看完 这样 的 电影，我 心里 都
de gùshi dōu fēicháng gǎnrén, měi cì kànwán zhèyàng de diànyǐng, wǒ xīnli dōu
觉得 很 温暖。这 个 爱好 让 我 的 日常 生活 变 得 更 丰富
juéde hěn wēnnuǎn. Zhè ge àihào ràng wǒ de rìcháng shēnghuó biàn de gèng fēngfù
多彩、更 有 意义 了。
duōcǎi, gèng yǒu yìyì le.

해석 나는 영화 보는 것을 좋아한다. 영화관이 우리 집 부근에 있고 걸어갈 수 있어서, 나는 자주 혼자서 영화관에 영화 보러 가는데, 대략 일주일에 한 두 번 간다. 나는 낭만적인 멜로 영화 보는 것을 가장 좋아한다. 나는 대부분의 멜로 영화 속 이야기는 매우 감동적이라고 생각하는데, 매번 이런 영화를 보고 나면 내 마음 속이 따뜻하다고 느껴진다. 이 취미는 내 일상 생활을 더 풍부하고 다채로우며, 더 의미 있게 변화시켰다.

어휘 附近 fùjìn 명 부근, 근처 | 大概 dàgài 부 1. 대략 2. 아마도 | 浪漫 làngmàn 형 낭만적이다, 로맨틱하다 | 爱情片 àiqíngpiàn 멜로 영화 | 故事 gùshi 명 이야기 | 感人 gǎnrén 형 감동적이다 | 温暖 wēnnuǎn 형 따뜻하다 | 日常 rìcháng 형 일상의, 일상적인 | 丰富多彩 fēngfù duōcǎi 성 풍부하고 다채롭다 | 意义 yìyì 명 의의, 의미

모범 답안 简单版

> Wǒ xǐhuan kàn diànyǐng, yí ge xīngqī yào qù diànyǐngyuàn hǎo jǐ cì. Wǒ tèbié
> 我 喜欢 看 电影，一 个 星期 要 去 电影院 好 几 次。我 特别
> xǐhuan kàn àiqíngpiàn, yīnwèi àiqíng diànyǐngli de gùshi dōu fēicháng làngmàn. Wǒ
> 喜欢 看 爱情片，因为 爱情 电影里 的 故事 都 非常 浪漫。我
> juéde zhè ge àihào ràng wǒ de shēnghuó biàn de gèng yǒu yìsi le.
> 觉得 这 个 爱好 让 我 的 生活 变 得 更 有意思 了。

해석 나는 영화 보는 것을 좋아하는데, 일주일에 여러 번 영화관에 가려고 한다. 나는 특히 멜로 영화 보는 것을 좋아하는데, 왜냐하면 멜로 영화 속 이야기는 모두 매우 낭만적이기 때문이다. 나는 이 취미가 나의 생활을 더 재미있게 변화시켰다고 생각한다.

주요 표현 정리

一个星期要去电影院好几次。

★ 好几 + 양사 : 수량이 많음을 나타냄

예) 好几年 여러 해, 好几次 여러 번, 好几个小时 몇 시간

실전 모의고사 3회

모범 답안 및 해설

第一部分

🎧 03-01

1
Wǒ de hùzhào   zhǎobudào le.
我 的 护照 / 找不到 了。 나의 여권은 찾을 수 없게 되었다.

문장 구조 파악   주어 + 동사서술어
                    护照   找

수식 성분 파악

관형어 주어 수식 : 我
➡ 구조조사 的 잊지 않기.

보어 가능보어 : 到
➡ 到는 원래 결과보어로 '~해내다, ~하게 되다'라는 목적의 달성을 나타냄. 하지만 동사 뒤에 不(~할 수 없다)가 있기 때문에 가능보어가 되었음.

코너 속 어법 Tip

가능보어의 용법
가능보어는 결과보어와 방향보어를 이용한다. 동사 뒤에 得를 쓰면 '~할 수 있다'는 뜻을 나타내고, 不를 쓰면 '~할 수 없다'라는 뜻을 나타낼 수 있다. 이때 결과보어와 방향보어는 가능보어로 바뀐다.

[동사 + 得(~할 수 있다) / 不(~할 수 없다) + 결과보어/방향보어] ➡ 가능보어

예) 吃得完 다 먹을 수 있다 / 吃不完 다 먹을 수 없다 : 完(결과보어 → 가능보어)
    进得去 들어갈 수 있다 / 进不去 들어갈 수 없다 : 去(방향보어 → 가능보어)

코너 속 어법 Tip

변화를 나타내는 어기조사 了 잊지 않기!

어휘 护照 hùzhào 명 여권

🎧 03-02

2 Xiǎo Míng de gēge   shì ge jǐngchá.
　　小明　的 哥哥 / 是 个 警察。 샤오밍의 오빠는 한 명의 경찰이다.

문장 구조 파악　주어 + 동사서술어 + 목적어
　　　　　　　　　哥哥　　是　　　警察

수식 성분 파악

　관형어 주어 수식 : 小明
　　　➡ 구조조사 的 잊지 않기.

　　양사(목적어 警察 수식) : 个
　　　➡ 양사 앞에 수사(숫자)가 없다면 一가 생략된 것임.

어휘　警察 jǐngchá 명 경찰

🎧 03-03

3 Xīn mǎi de bīngxiāng tūrán huài le.
　　新 买 的 冰箱 / 突然 坏 了。 새로 산 냉장고가 갑자기 고장 났다.

문장 구조 파악　주어 + 동사서술어
　　　　　　　　　冰箱　　坏

수식 성분 파악

　관형어 주어 수식 : 新买
　　　➡ 구조조사 的 잊지 않기.

　부사어 부사 : 突然

> **코너 속 어법 Tip**
> 변화를 나타내는 어기조사 了 잊지 않기!

어휘　冰箱 bīngxiāng 명 냉장고 | 突然 tūrán 형 갑작스럽다 | 坏 huài 형 동 고장 나다

03-04

4 Zhè tái diànnǎo shì Jīn lǎoshī de ma?
这 台 电脑 / 是 金 老师 的 吗? 이 컴퓨터는 김 선생님 것인가요?

문장 구조 파악   주어 + 동사서술어 + 목적어
                           电脑   是   金老师的

수식 성분 파악

관형어 주어 수식 : 这台

> **코너 속 어법 Tip**
> 의문을 나타내는 어기조사 吗 잊지 않기!

어휘   电脑 diànnǎo [명] 컴퓨터

03-05

5 Wǒ zuòwán zhè yí dào tí jiù chīfàn.
我 做完 这 一 道 题 / 就 吃饭。 나는 이 한 문제를 다 풀고 바로 밥을 먹겠다.

문장 구조 파악   (동사1)한 다음에 (동사2)하다

주어 + 동사1 + 完/了 + (목적어1) + (以)后 + 就/才/再 + 동사2 + (목적어2)
我   做   完   题   就   吃   饭

→ 完, 了, (以)后 중 하나만 사용해도 되고 2개 이상 중복 사용해도 됨.
→ 就는 '바로', 才는 '그제서야', 再는 '그런 다음'의 뜻으로 두 동작을 연결함. 사용하지 않아도 됨.

수식 성분 파악

관형어 목적어1 수식 : 这一道

어휘   道 dào [양] 문제를 세는 단위 | 做题 zuò tí 문제를 풀다

6

🎧 03-06

Dàbùfen xuésheng tōngguò le zhè cì kǎoshì.
大部分 学生 / 通过 了 这 次 考试。 대부분 학생이 이번 시험을 통과했다.

문장 구조 파악 주어 + 동사서술어 + 목적어
　　　　　　　　　 学生　　通过　　　考试

수식 성분 파악

관형어 주어 수식 : 大部分

　　　　목적어 수식 : 这次

> **코너 속 어법 Tip**
> 동작의 완료를 나타내는 동태조사 了 잊지 않기!

어휘 大部分 dàbùfen 대부분 | 通过 tōngguò [동] 통과하다, 통과되다 | 考试 kǎoshì [명] 시험 [이합사] 시험치다

7

🎧 03-07

Mèimei tīng zhe hǎotīng de yīnyuè shuìzháo le.
妹妹 / 听 着 好听 的 音乐 / 睡着 了。
여동생은 듣기 좋은 음악을 들으면서 잠들었다.

문장 구조 파악 (동사1)하면서 (동사2)하다

　　　　　　　　　 주어 + 동사1 + 着 + (목적어1) + 동사2 + (목적어2)
　　　　　　　　　 妹妹　　听　　 着　　音乐　　　 睡

수식 성분 파악

관형어 목적어1 수식 : 好听

　　→ 구조조사 的 잊지 않기.

보어 결과보어 : 着(zháo)

　　→ 결과보어 着는 결과보어 到처럼 '~해내다, ~하게 되다'라는 목적 달성을 나타냄.

> **코너 속 어법 Tip**
> 동사가 결과보어를 가진다는 것은 동작이 다 완료되어 결과가 나왔다는 뜻이다. 따라서 종종 동작의 완료를 나타내는 동태조사 了와 함께 사용한다.

어휘 音乐 yīnyuè [명] 음악 | 睡 shuì [동] (잠을) 자다

🎧 03-08

8 Bàba qù Zhōngguó de shíhou chī guo Běijīng kǎoyā.
爸爸 去 中国 的时候 / 吃 过 北京 烤鸭。
아빠는 중국에 갔을 때 베이징 오리구이를 먹어본 적이 있다.

문장 구조 파악 (동사1)할 때 (동사2)하다

주어 + 동사1 + (목적어1) + 时/的时候 + 동사2 + (목적어2)
爸爸   去   中国   的时候   吃   北京烤鸭

> **코너 속 어법 Tip**
> 경험을 나타내는 동태조사 过 잊지 않기!

어휘 北京烤鸭 Běijīng kǎoyā [고유] 베이징 오리구이

🎧 03-09

9 Wǒ zhǔnbèi míngtiān qù túshūguǎn jiè liǎng běn shū.
我 准备 / 明天 去 图书馆 / 借 两 本 书。
나는 내일 도서관에 두 권의 책을 빌리러 갈 계획이다.

문장 구조 파악 주어 + 동사서술어 + 서술성목적어
我   准备   明天去图书馆借两本书

> **코너 속 어법 Tip**
> **서술성목적어란?**
> ❶ 목적어는 대부분 명사나 대명사이다.
>
> 예 我看电影。 / 我找他。
>   명사   대명사
>
> ❷ 하지만 일부 동사는 목적어에 형용사(구)나 동사(구)를 사용해야 한다. 이것을 서술성목적어 라고 한다.
>
> 예 我   觉得   她很漂亮。
>   주어 서술어 서술성목적어(형용사 漂亮 포함)
>   我   觉得   她应该学汉语。
>   주어 서술어 서술성목적어(동사 学 포함)

서술성목적어 구조 부사어(시간명사) + 동사1 + 목적어1 + 동사2 + 관형어 + 목적어2 → **연동문**
明天　　　　 去　图书馆　借　 两本　　书

→ 연동문은 시간의 흐름에 따라 나열하기(일단 도서관에 가야 책을 빌릴 수 있음).

어휘 准备 zhǔnbèi 동 1. 준비하다 2. ~할 계획이다 | **图书馆** túshūguǎn 명 도서관 | **借** jiè 동 빌리다

🎧 03-10

10 Gēge tīngdào hǎo xiāoxi hòu jīdòng de kū le.
哥哥 / 听到　好　消息　后 / 激动　得 哭 了。
오빠는 좋은 소식을 듣게 된 후 감격해서 울었다.

문장 구조 파악 (동사1)한 다음에 (동사2)하다

주어 + 동사1 + 完/了 + (목적어1) + (以)后 + 동사2 + (목적어2)
哥哥　　听　　　　　　消息　　　　后　　激动

수식 성분 파악

보어 결과보어 : 到

정도보어(동사2 수식) : 哭了

> **코너 속 어법 Tip**
>
> **정도보어의 용법**
> ❶ 목적어가 없는 경우
>   [동사/형용사 + 得 + 정도보어]
>   예 说得很好 말하는 정도가 잘한다 (→ 말을 잘한다)
>
> ❷ 목적어가 있는 경우 : 첫 번째 동사는 생략 가능
>   [(동사) + 목적어 + 동사 + 得 + 정도보어]
>   예 (说)汉语说得很好 중국어를 말하는 정도가 잘한다 (→ 중국어를 잘한다)

어휘 消息 xiāoxi 명 소식 | 激动 jīdòng 동 감격하다, 감동하다, 흥분하다 | 哭 kū 동 울다

第二部分

🎧 03-11

11

STEP1 사진에서 떠올릴 수 있는 표현들 생각해 보기

인물	爷爷 yéye 명 할아버지
사물	报纸 bàozhǐ 명 신문 茶 chá 명 차 咖啡 kāfēi 명 커피
동작	看报纸 kàn bàozhǐ 신문을 보다 喝茶/喝咖啡 hē chá/hē kāfēi 차를 마시다/커피를 마시다
감정	轻松 qīngsōng 형 (기분이) 홀가분하다 幸福 xìngfú 형 행복하다

STEP2 사진 앞의 배경과 사진 이후의 결과를 보충하여 스토리 만들기

배경		사진의 상황		결과
할아버지는 퇴직하셨음	→	할아버지가 차(혹은 커피)를 마시며 신문을 봄	→	이런 생활이 행복함

모범 답안 高级版

Yéye jīnnián tuìxiū le, suǒyǐ yǒu hěn duō zìyóu de shíjiān, kěyǐ xiǎngshòu shēnghuó, měitiān dōu guò de hěn qīngsōng. Yéye de àihào shì kàn bàozhǐ, dànshì yǐqián zǎoshang méiyǒu shíjiān, zhǐ néng xiàbān huíjiā yǐhòu kànkan bàozhǐ. Xiànzài bù yíyàng le, měitiān chīwán zǎofàn hòu, yéye jiù huì zuòzài cānzhuō pángbiān, yìbiān kàn bàozhǐ yìbiān hē chá. Yéye shuō suīrán gāng tuìxiū de shíhou yǒudiǎnr bù xíguàn, dànshì xiànzài juéde zhèyàng de shēnghuó hěn xìngfú, wǒ yě wèi yéye gǎndào gāoxìng.

爷爷 今年 退休了，所以 有 很 多 自由 的 时间，可以 享受 生活，每天 都 过 得 很 轻松。爷爷 的 爱好 是 看 报纸，但是 以前 早上 没有 时间，只 能 下班 回家 以后 看看 报纸。现在 不 一样 了，每天 吃完 早饭 后，爷爷 就 会 坐在 餐桌 旁边，一边 看 报纸 一边 喝 茶。爷爷 说 虽然 刚 退休 的 时候 有点儿 不 习惯，但是 现在 觉得 这样 的 生活 很 幸福，我 也 为 爷爷 感到 高兴。

해석 할아버지는 올해 퇴직하셨다. 그래서 자유로운 시간이 많이 있어서 생활을 누릴 수 있고, 매일 홀가분하게 지내신다. 할아버지의 취미는 신문을 보는 것이다. 하지만 이전에는 아침에 시간이 없어서, 퇴근하고 집에 온 후에 신문을 좀 볼 수밖에 없었다. 지금은 달라졌는데, 매일 아침을 다 먹은 후에 할아버지는 식탁 옆에 앉아서 신문을 보며 차를 마신다. 할아버지는 비록 막 퇴직했을 때는 조금 습관이 되지 않았지만, 지금은 이런 생활이 행복하게 느껴진다고 말씀하셨다. 나도 할아버지 덕분에 기쁘다고 느꼈다.

어휘 退休 tuìxiū [동] 퇴직하다 | 自由 zìyóu [명] 자유 [형] 자유롭다 | 享受 xiǎngshòu [동] 누리다, 즐기다 | 生活 shēnghuó [명][동] 생활(하다) | 爱好 àihào [명] 취미 | 餐桌 cānzhuō [명] 식탁 | 旁边 pángbiān [명] 옆, 곁 | 一边 A一边B yìbiān A yìbiān B 한편으로 A하고 한편으로 B하다 | 刚 gāng [부] 막, 방금 | 习惯 xíguàn [명] 습관 [동] 습관이 되다, 익숙해지다 | 感到 gǎndào [동] 느끼다, 생각하다 | 为A感到B(감정) wèi A gǎndào B A 때문에 B라고 느끼다

모범 답안 简单版

Yéye tuìxiū yǐhòu, měitiān yǒu hěn duō shíjiān. Tā hěn xǐhuan kàn bàozhǐ, yìbān zǎoshang chīwán fàn yǐhòu, yìbiān kàn bàozhǐ yìbiān hē chá, xiàwǔ qù gōngyuán sànbù, shēnghuó de hěn qīngsōng.

爷爷 退休 以后，每天 有 很 多 时间。他 很 喜欢 看 报纸，一般 早上 吃完 饭 以后，一边 看 报纸 一边 喝 茶，下午 去 公园 散步，生活 得 很 轻松。

해석 할아버지는 퇴직한 이후, 매일 많은 시간이 있다. 그는 신문 보는 것을 좋아하는데, 보통 아침에 식사를 한 이후에는 신문을 보면서 차를 마시고, 오후에는 공원에 산책하러 가며, 홀가분하게 생활하신다.

어휘 一般 yìbān [형] 보통이다, 일반적이다 | 公园 gōngyuán [명] 공원 | 散步 sànbù [이합사] 산책하다

03-12

STEP1 사진에서 떠올릴 수 있는 표현들 생각해 보기

인물	妹妹 mèimei 명 여동생 她的朋友们 tā de péngyoumen 그녀의 친구들
사물	蛋糕 dàngāo 명 케이크
동작	过生日 guò shēngrì 생일을 보내다 吹蜡烛 chuī làzhú 촛불을 불다
감정	高兴 gāoxìng 형 기쁘다, 즐겁다 开心 kāixīn 형 유쾌하다, 즐겁다 快乐 kuàilè 형 유쾌하다, 즐겁다

STEP2 사진 앞의 배경과 사진 이후의 결과를 보충하여 스토리 만들기

배경		사진의 상황		결과
오늘은 여동생 생일이고 친구들을 초대함	→	친구들과 생일 파티를 함	→	나는 여동생이 앞으로도 즐겁기를 바람

🔊 모범 답안 　高级版

Jīntiān shì mèimei qī suì de shēngrì, tā yāoqǐng le jǐ ge hǎo péngyou lái wǒ
今天 是 妹妹 七岁 的 生日，她 邀请 了 几 个 好 朋友 来 我
jiā yìqǐ guò shēngrì. Mèimei chuānshàng le xīn yīfu, bǎ zìjǐ dǎban de piàopiaoliāngliāng.
家 一起 过 生日。妹妹 穿上 了 新 衣服，把 自己 打扮 得 漂漂亮亮。
Māma gěi tā mǎi le hǎochī de dàngāo, xiǎo péngyoumen yě gěi mèimei zhǔnbèi
妈妈 给 她 买 了 好吃 的 蛋糕，小 朋友们 也 给 妹妹 准备
le shēngrì lǐwù. Tāmen yìqǐ chuī làzhú、qiē dàngāo, mèimei xiào de kāixīn jíle,
了 生日 礼物。他们 一起 吹 蜡烛、切 蛋糕，妹妹 笑 得 开心 极了，
wǒ hé māma yě fēicháng gāoxìng. Wǒ xīwàng mèimei néng yìzhí zhème kuàilè,
我 和 妈妈 也 非常 高兴。我 希望 妹妹 能 一直 这么 快乐，
méiyǒu fánnǎo.
没有 烦恼。

해석 오늘은 여동생의 일곱 살 생일이고, 그녀는 몇 명의 친한 친구들을 우리 집에 초대해 함께 생일을 보냈다. 여동생은 새 옷을 입었고, 아주 예쁘게 꾸몄다. 엄마는 그녀에게 맛있는 케이크를 사주었고, 친구들도 여동생에게 생일 선물을 준비했다. 그들은 함께 촛불을 끄고 케이크를 잘랐으며, 여동생은 매우 즐거워서 웃었고, 나와 엄마도 매우 기뻤다. 나는 여동생이 줄곧 이렇게 즐겁고 걱정이 없을 수 있기를 바란다.

어휘　邀请 yāoqǐng 동 초청하다, 초대하다 ｜ 打扮 dǎban 동 분장하다, 단장하다, 꾸미다 명 분장, 단장, 치장 ｜ 切 qiē 동 자르다, 썰다 ｜ 笑 xiào 동 웃다 ｜ 希望 xīwàng 명 동 희망(하다) ｜ 一直 yìzhí 부 줄곧, 계속해서 ｜ 烦恼 fánnǎo 형 걱정하다, 고민하다

🔊 모범 답안 　简单版

Jīntiān shì mèimei de shēngrì, tā de péngyoumen láidào wǒ jiā, yào yìqǐ gěi
今天 是 妹妹 的 生日，她 的 朋友们 来到 我 家，要 一起 给
mèimei guò shēngrì. Māma mǎi le hǎochī de dàngāo, dàjiā yìqǐ chàng shēngrìgē、qiē
妹妹 过 生日。妈妈 买 了 好吃 的 蛋糕，大家 一起 唱 生日歌、切
dàngāo, měi ge rén dōu hěn gāoxìng. Tèbié shì mèimei, xiào de kāixīn jíle.
蛋糕，每 个 人 都 很 高兴。特别 是 妹妹，笑 得 开心 极了。

해석 오늘은 여동생의 생일이고, 그녀의 친구들은 우리 집에 와서 함께 여동생을 위해 생일을 보내려고 했다. 엄마는 맛있는 케이크를 샀고, 모두 함께 생일 축하 노래를 부르고 케이크를 잘랐으며, 모두가 기뻤다. 특히 여동생은 매우 즐거워서 웃었다.

어휘　唱歌 chànggē 이합사 노래 부르다 ｜ 特别是 tèbié shì 특히

第三部分

🎧 03-13

13
Nǐ zuì xiǎng zuò shénme gōngzuò? Wèishénme?
你 最 想 做 什么 工作? 为什么?
당신은 무슨 일을 가장 하고 싶습니까? 왜입니까?

思路 정리하기

1. 의사가 되고 싶음

2. 이유 ❶ 많은 사람들의 건강을 회복시키고 생명을 구함

　　　❷ 의사인 아버지도 매우 의미 있는 일이라고 생각함

3. 아버지처럼 좋은 의사가 되고 싶음

모범 답안 高级版

Wǒ zuì xiǎng zuò yīshēng. Yīnwèi wǒ juéde yīshēng zhè ge zhíyè fēicháng
我 最 想 做 医生。 因为 我 觉得 医生 这 个 职业 非常
wěidà, kěyǐ bāngzhù hěn duō rén huīfù jiànkāng, shènzhì kěyǐ jiù hěn duō rén de
伟大, 可以 帮助 很 多 人 恢复 健康, 甚至 可以 救 很 多 人 的
mìng. Wǒ de bàba jiùshì yí wèi yīshēng, suīrán tā píngshí hěn máng, jīngcháng
命。 我 的 爸爸 就是 一 位 医生, 虽然 他 平时 很 忙, 经常
jiābān, dànshì tā zǒngshì duì wǒ shuō, tā juéde tā de gōngzuò fēicháng yǒu yìyì.
加班, 但是 他 总是 对 我 说, 他 觉得 他 的 工作 非常 有 意义。
Shòudào bàba de yǐngxiǎng, wǒ yě xīwàng zìjǐ jiānglái chéngwéi yí ge néng bāngzhù
受到 爸爸 的 影响, 我 也 希望 自己 将来 成为 一 个 能 帮助
bìngrén、gěi hěn duō jiātíng dài qù xīwàng de hǎo yīshēng.
病人、给 很 多 家庭 带 去 希望 的 好 医生。

해석 나는 의사가 가장 되고 싶다. 왜냐하면 나는 의사라는 이 직업이 매우 위대하고, 많은 사람들이 건강을 회복하도록 도와줄 수 있으며, 심지어 많은 사람들의 생명을 구할 수 있다고 생각하기 때문이다. 나의 아버지가 바로 의사인데, 비록 그는 평소에 바쁘고 자주 야근하지만, 그는 항상 나에게 그의 직업이 매우 의미 있다 여긴다고 말한다. 아버지의 영향을 받아, 나도 내 자신이 장래에 환자를 돕고 많은 가정에 희망을 가져다 줄 수 있는 좋은 의사가 되기를 희망한다.

어휘 医生 yīshēng 명 의사 | 职业 zhíyè 명 직업 | 伟大 wěidà 형 위대하다 | 恢复 huīfù 동 회복하다 | 甚至 shènzhì 접 심지어 | 救命 jiùmìng 이합사 목숨을 구하다, 생명을 살리다 | 加班 jiābān 이합사 초과 근무하다, 야근하다 | 总是 zǒngshì 부 늘, 언제나 | 意义 yìyì 명 의의, 의미, 보람 | 影响 yǐngxiǎng 명 동 영향(을 주다) | 希望 xīwàng 명 동 희망(하다) | 将来 jiānglái 명 장래, 미래 | 帮助 bāngzhù 동 돕다 | 家庭 jiātíng 명 가정

> 주요 표현 정리

1. (医生这个职业)可以帮助很多人恢复健康．

医生这个职业	可以	帮助	很多人	恢复	健康
주어		서술어1	목적어1 / 주어	서술어2	목적어2

Tip 이때 很多人은 서술어1의 목적어와 서술어2의 주어를 겸하고 있기 때문에 '겸어'라고 부르며, 이런 문형을 '겸어문'이라고 한다.

2. 虽然他平时很忙，经常加班，但是他总是对我说，他觉得他的工作非常有意义。

★ **虽然A，但是B** : 비록 A하지만, (그러나) B하다

예) 虽然今天下雨了，但是我还是要去上课。
비록 오늘 비가 오지만, 나는 그래도 수업을 가려고 한다.

모범 답안 简单版

Wǒ zuì xiǎng zuò yīshēng, yīnwèi wǒ juéde yīshēng zhè ge zhíyè fēicháng yǒu
我 最 想 做 医生，因为 我 觉得 医生 这 个 职业 非常 有
yìyì, kěyǐ bāngzhù hěn duō shēngbìng de rén. Wǒ de bàba jiùshì yí ge hěn fùzé
意义，可以 帮助 很 多 生病 的 人。我 的 爸爸 就是 一 个 很 负责
de yīshēng, wǒ xiǎng xiàng tā xuéxí, yǐhòu yě zuò yí ge hǎo yīshēng.
的 医生，我 想 向 他 学习，以后 也 做 一 个 好 医生。

해석 나는 의사가 가장 되고 싶다. 왜냐하면 나는 의사라는 이 직업이 매우 의미 있고, 많은 병든 사람들을 도울 수 있다고 생각하기 때문이다. 나의 아버지가 바로 책임감이 매우 강한 의사인데, 나는 그를 본받아 나중에 또한 한 명의 좋은 의사가 되고 싶다.

어휘 负责 fùzé 동 책임지다 형 책임감이 강하다

> 주요 표현 정리

我想向他学习,

★ **向사람学习** : ~을 보고 배우다, ~을 본받다

예) 小王同学很细心，大家应该向他学习。
샤오왕 학우는 세심하니까, 모두 그를 보고 배워야 해요.

🎧 03-14

14
Nǐ juéde zěnme cái néng xuéhǎo Hànyǔ?
你 觉得 怎么 才 能 学好 汉语?
당신은 어떻게 해야만 중국어를 잘 배울 수 있다고 생각합니까?

思路 정리하기

1. 단어를 많이 외워야 함
2. 회화를 많이 연습해야 함
3. 인내심 있게 꾸준히 해야 함

모범 답안 高级版

Wǒ juéde xiǎng yào xuéhǎo Hànyǔ, yìfāngmiàn yào duō bèi dāncí, yīnwèi dāncí
我 觉得 想 要 学好 汉语, 一方面 要 多 背 单词, 因为 单词
shì jīchǔ, xuéhuì de dāncí duō le, cái yǒu nénglì shuō jùzi, érqiě yuèdú hé
是 基础, 学会 的 单词 多 了, 才 有 能力 说 句子, 而且 阅读 和
tīnglì de shuǐpíng yě néng tígāo; lìng yìfāngmiàn wǒ juéde yídìng yào duō liànxí
听力 的 水平 也 能 提高; 另 一方面 我 觉得 一定 要 多 练习
kǒuyǔ, rúguǒ yǒu jīhuì de huà, zuìhǎo rènshi jǐ ge Zhōngguó péngyou, duō hé tāmen
口语, 如果 有 机会 的话, 最好 认识 几 个 中国 朋友, 多 和 他们
shuōhuà, búdàn kěyǐ liànxí kǒuyǔ, hái néng liǎojiě Zhōngguó wénhuà; zuìhòu, xuéxí
说话, 不但 可以 练习 口语, 还 能 了解 中国 文化; 最后, 学习
yào yǒu nàixīn, néng jiānchí, zhèyàng yídìng néng xuéhǎo Hànyǔ.
要 有 耐心, 能 坚持, 这样 一定 能 学好 汉语。

해석 나는 중국어를 잘 배우고 싶다면, 한편으로는 단어를 많이 외워야 한다고 생각한다. 왜냐하면 단어는 기초이고, 배운 단어가 많아져야만 문장을 말할 수 있는 능력이 있으며, 게다가 독해와 듣기의 수준도 향상될 수 있기 때문이다. 다른 한편으로 나는 반드시 회화를 많이 연습해야 한다고 생각하는데, 만약 기회가 있다면 가장 좋기로는 몇 명의 중국 친구들을 알게 되어 그들과 많이 이야기를 하면, 회화를 연습할 수 있을 뿐만 아니라, 중국 문화도 이해할 수 있다. 마지막으로 공부는 인내심이 있어야 하는데, 꾸준히 할 수 있으면 반드시 중국어를 잘 배울 수 있다.

어휘 背 bèi 동 암기하다, 외우다 | 单词 dāncí 명 단어 | 基础 jīchǔ 명 기초 | 句子 jùzi 명 문장 | 阅读 yuèdú 동 읽다 | 水平 shuǐpíng 명 수준 | 提高 tígāo 동 향상되다, 향상시키다, 높이다 | 练习 liànxí 명 동 연습(하다) | 口语 kǒuyǔ 명 회화 | 机会 jīhuì 명 기회 | 了解 liǎojiě 동 이해하다 | 文化 wénhuà 명 문화 | 耐心 nàixīn 명 인내심 형 인내심이 강하다 | 坚持 jiānchí 동 끝까지 버티다, 견디다, 꾸준히 하다

주요 표현 정리

1. 一方面要多背单词，……；另一方面我觉得一定要多练习口语，

   ★ 一方面A，另一方面B : 한편으로는 A하고, 다른 한편으로는 B하다

   예) 运动有很多好处，一方面可以增强体质，另一方面也可以缓解压力。
   운동은 많은 좋은 점이 있는데, 한편으로는 체질을 강화할 수 있고, 다른 한편으로는 스트레스를 풀 수도 있다.

2. 如果有机会的话，

   ★ 如果A(的话) = 要是A(的话) = A的话 : 만약 A라면

   예) 如果你有困难(的话)，我可以帮助你。
   만약 당신이 어려움이 있다면, 제가 당신을 도울 수 있습니다.

3. 不但可以练习口语，还能了解中国文化；

   ★ 不但/不仅A，而且주어也/还B : A할 뿐만 아니라, 게다가/또한 B하다

   예) 不但价钱便宜，而且东西也很好。 가격이 저렴할 뿐만 아니라, 게다가 물건도 좋다.

모범 답안 简单版

Wǒ juéde shǒuxiān yīnggāi duō bèi dāncí, zhè shì zuì jīběn de. Ránhòu yīnggāi
我 觉得 首先 应该 多 背 单词，这 是 最 基本 的。然后 应该

duō hé Zhōngguórén jiāo péngyou, duō shuō Hànyǔ. Érqiě zuìhǎo jiānchí měitiān
多 和 中国人 交 朋友，多 说 汉语。而且 最好 坚持 每天

rènzhēn de xuéxí.
认真 地 学习。

해석 나는 첫째로 단어를 많이 외워야 하며, 이것이 가장 기본적인 것이라고 생각한다. 그런 다음 중국인 친구를 많이 사귀고 중국어를 많이 말해야 한다. 게다가 가장 좋은 것은 매일 열심히 공부하는 것을 꾸준히 하는 것이다.

어휘 首先 shǒuxiān 대 1. 우선, 먼저 2. 첫째 | 基本 jīběn 명 기본 형 기본적인 | 然后 ránhòu 접 그런 후에, 그런 다음 | 认真 rènzhēn 형 진지하다, 성실하다, 착실하다

실전 모의고사 4회

 모범 답안 및 해설

第一部分

🎧 04-01

1 Chéngshì de wūrǎn hěn yánzhòng.
城市 的 污染 / 很 严重。 도시의 오염이 심각하다.

문장 구조 파악 주어 + 형용사서술어
污染　　严重

수식 성분 파악

관형어 **주어 수식**: 城市
→ 구조조사 的 잊지 않기.

부사어 **정도부사**: 很
→ 형용사가 서술어가 될 때 '매우'의 뜻이 아니더라도 습관적으로 정도부사 很을 사용함.

어휘　城市 chéngshì 명 도시 | 污染 wūrǎn 명 동 오염(시키다), 오염(되다) | 严重 yánzhòng 형 심각하다

🎧 04-02

2 Běijīng shì Zhōngguó de shǒudū.
北京 / 是 中国 的 首都。 베이징은 중국의 수도이다.

문장 구조 파악 주어 + 동사서술어 + 목적어
北京　　是　　首都

수식 성분 파악

관형어 **목적어 수식**: 中国
→ 구조조사 的 잊지 않기.

어휘　首都 shǒudū 명 수도

🎧 04-03

3 Míngtiān bú shì xīngqī liù ma?
明天 / 不 是 星期 六 吗? 내일은 토요일 아닙니까?

문장 구조 파악 주어 + 동사서술어 + 목적어
　　　　　　　　明天　　是　　星期六

> 코너 속 어법 Tip
> 不是……吗는 상대방의 대답을 원하는 질문이 아니라 자신의 생각을 확인받고자 하는 반어문(반문문)이다.

🎧 04-04

4 Jīntiān mǎi de shuǐguǒ bú tài xīnxiān.
今天 买 的 水果 / 不 太 新鲜。 오늘 산 과일은 그다지 신선하지 않다.

문장 구조 파악 주어 + 형용사서술어
　　　　　　　　水果　　新鲜

수식 성분 파악

관형어 주어 수식 : 今天买
　→ 구조조사 的 잊지 않기.

부사어 부정부사 : 不
　　　　정도부사 : 太
　→ 不太는 '그다지 ~하지 않다'라는 뜻으로 부정을 약화시키고, 太不는 '너무 ~하지 않다'라는 뜻으로 부정을 강화시킴.

어휘 水果 shuǐguǒ [명] 과일 | 新鲜 xīnxiān [형] 신선하다

🎧 04-05

5
Wǒ xǐhuan dú làngmàn de àiqíng xiǎoshuō.
我 喜欢 读 / 浪漫 的 爱情 小说。
나는 낭만적인 연애 소설을 읽는 것을 좋아한다.

문장 구조 파악 주어 + 동사서술어 + 서술성목적어
　　　　　　　　　我　　　喜欢　　读浪漫的爱情小说

서술성목적어 구조 동사서술어 + 관형어 + 목적어
　　　　　　　　　　读　　　浪漫的 爱情小说

어휘 读 dú 동 읽다 | 浪漫 làngmàn 형 로맨틱하다, 낭만적이다 | 爱情 àiqíng 명 애정, 사랑 | 小说 xiǎoshuō 명 소설

🎧 04-06

6
Wǒ yìbān yí ge yuè kàn sān cì diànyǐng.
我 一般 / 一 个 月 / 看 三 次 电影。
나는 일반적으로 한 달에 세 번 영화를 본다.

문장 구조 파악 주어 + 동사서술어 + 목적어
　　　　　　　　　我　　　看　　　电影

수식 성분 파악

부사어 부사 : 一般

보어 동량보어 : 三次

> **코너 속 어법 Tip**
>
> **시량 + 동사 + 동량보어** : (얼마)만에 (몇) 번 ~하다
>
> 예) 一个星期　见　一次。 일주일에 한 번 만나다.
> 　　시량　　　동사　동량보어
>
> 　　一年　　去　一次。 일 년에 한 번 가다.
> 　　시량　동사　동량보어

동량보어의 위치

❶ 목적어가 인칭대명사일 때 : [동사 + 목적어 + 동량보어]
   找过　他　一次

❷ 목적어가 일반명사일 때 : [동사 + 동량보어 + 목적어]
   看过　一次　电影

❸ 목적어가 고유명사(지명·인명)일 때 : [동사 + 동량보어 + 목적어]
   去过　一次　北京

   [동사 + 목적어 + 동량보어]
   去过　北京　一次

❹ 이합동사일 때 : [동사 + 동량보어 + 목적어]
   游过　一次　泳

Tip 목적어가 인칭대명사일 때만 반드시 가운데에, 그 외의 경우는 목적어를 가장 뒤로 쓰면 절대 틀리지 않는다.

어휘 一般 yìbān 형 보통이다, 일반적이다

7
Shànghǎi wǎnshang de jǐngsè fēicháng piàoliang.
上海 / 晚上 的 景色 / 非常　漂亮。
상하이는 밤의 경치가 매우 아름답다.

문장 구조 파악　주어 + 주술서술어 → 주술술어문
　　　　　　　　　주어 + 서술어
　　　　　　　上海　景色　漂亮

주술술어문은 서술어가 '주어 + 서술어' 구조로 되어 있는 문장을 뜻한다.

예 他的　身体　很　好 。 그의 건강은 좋다.
　　　주어　형용사서술어 → 형용사술어문

　　他　身体很好。 그는 건강이 좋다.
　　주어　주술서술어 → 주술술어문

수식 성분 파악

관형어 景色 수식 : 晚上
  ➡ 구조조사 的 잊지 않기.

부사어 漂亮 수식 : 非常

어휘 景色 jǐngsè 명 풍경, 경치

🎧 04-08

8
Háizimen xǐ le zǎo jiù qù xiūxi le.
孩子们 / 洗 了 澡 / 就 去 休息 了。
아이들은 샤워를 하고 나서 바로 휴식하러 갔다.

문장 구조 파악   (동사1)한 다음에 (동사2, 동사3)하다.

주어 + 동사1 + 完/了 + (목적어1) + (以)后 + 就/才/再 + 동사2 + …… + 동사3 ……
孩子们　　洗　　　了　　　　澡　　　　　　就　　　去　　　　休息

➡ 完, 了, (以)后 중 하나만 사용해도 되고 2개 이상 중복 사용해도 됨.
➡ 就는 '바로', 才는 '그제서야', 再는 '그런 다음'의 뜻으로 두 동작을 연결함. 사용하지 않아도 됨.

어휘 洗澡 xǐzǎo 이합사 목욕하다, 샤워하다 | 休息 xiūxi 동 휴식하다

🎧 04-09

9
Jiějie mǎi le yí ge xuéxí Yīngyǔ yòng de lùyīnjī.
姐姐 / 买 了 一 个 / 学习 英语 用 的 录音机。
언니는 한 개의 영어 학습용 녹음기를 샀다.

문장 구조 파악   주어 + 동사서술어 + 목적어
　　　　　　　　　　姐姐　　　 买　　　 录音机

수식 성분 파악

관형어 수량사 : 一个
　　　　동사구 : 学习英语用
　　　　➡ 구조조사 的 잊지 않기.

> **코너 속 어법 Tip**
>
> 동작의 완료를 나타내는 동태조사 了 잊지 않기!

어휘 录音机 lùyīnjī [명] 녹음기

🎧 04-10

10
    Yíhuìr   nǐ kěyǐ bāng wǒ xiàng lǎoshī qǐng ge jià ma?
一会儿 / 你 可以 帮 我 / 向 老师 请 个 假 吗?
조금 있다가 당신이 나를 도와 선생님께 결석을 좀 신청해 줄 수 있나요?

문장 구조 파악   주어 + 동사1 + 목적어1 + 동사2 + 목적어2 → 연동문
                      你   帮   我   请   假

수식 성분 파악

부사어 조동사 : 可以
→ 연동문에서 조동사는 동사1 앞에 사용함.

> **코너 속 어법 Tip**
>
> **이합동사**
>
> ❶ '동사 + 목적어' 구조로 이루어진 이합동사는 이미 목적어를 갖고 있기 때문에 뒤에 또 다른 목적어를 가질 수 없다.
>
>   예 帮忙他 ✗   给他帮忙 ○ 그를 도와주다
>   道歉他 ✗   向他道歉 ○ 그에게 사과하다
>
> ❷ 이합동사 사이에 个를 사용하면 가벼운 동작을 나타낼 수 있다.
>
>   예 洗个澡 가볍게 샤워하다, 睡个觉 잠을 좀 자다

어휘 请假 qǐngjià [이합사] 휴가를 신청하다, (결근·결석·조퇴·외출 등의) 허가를 받다

第二部分

🎧 04-11

11

▎**STEP1** 사진에서 떠올릴 수 있는 표현들 생각해 보기

인물	我 wǒ [대] 나, 저
사물	小狗 xiǎo gǒu 강아지
동작	握手 wòshǒu [이합사] 악수하다
감정	快乐 kuàilè [형] 유쾌하다, 즐겁다

▎**STEP2** 사진 앞의 배경과 사진 이후의 결과를 보충하여 스토리 만들기

배경	→	사진의 상황	→	결과
딸이 나에게 강아지를 선물함		강아지와 악수하며 함께 놀고 있음		강아지는 나의 가족이 되었음

모범 답안 高级版

Wǒ fēicháng xǐhuan gǒu. Yì nián qián wǒ de nǚ'ér sònggěi wǒ yì zhī kě'ài de xiǎo gǒu, tā de máo shì huángsè de, xìnggé fēicháng huópō. Tā hěn cōngmíng, wǒ jiāo tā wòshǒu, tā hěn kuài jiù xuéhuì le. Wǒ měitiān dài tā chūqu sànbù, hé tā yìqǐ zuò yóuxì. Tā gěi wǒ de shēnghuó dài lái le hěn duō kuàilè, yìzhí péibàn zài wǒ shēnbiān. Duì wǒ lái shuō, tā yǐjīng chéngwéi le wǒ de qīnrén, shì wǒmen jiā zhòngyào de jiātíng chéngyuán.

我 非常 喜欢 狗。一 年 前 我 的女儿 送给 我 一只可爱 的 小 狗, 它 的 毛 是 黄色 的, 性格 非常 活泼。它 很 聪明, 我 教 它 握手, 它 很 快 就 学会 了。我 每天 带 它 出去 散步, 和 它 一起 做 游戏。它 给 我 的 生活 带来 了 很 多 快乐, 一直 陪伴 在 我 身边。对 我 来说, 它 已经 成为 了 我 的 亲人, 是 我们 家 重要 的 家庭 成员。

해석 나는 강아지를 매우 좋아한다. 1년 전 내 딸이 나에게 귀여운 강아지 한 마리를 선물했는데, 그것의 털은 노란색이고, 성격이 매우 활발하다. 강아지는 똑똑해서 내가 강아지에게 악수하는 것을 가르쳐주니, 금방 배웠다. 나는 매일 강아지를 데리고 나가서 산책하고, 강아지와 함께 놀이를 한다. 강아지는 나의 생활에 많은 즐거움을 가져왔고, 줄곧 내 곁에 함께 있다. 나에게 있어서, 강아지는 이미 나의 가족이 되었고, 우리 집의 중요한 가정 구성원이다.

어휘 送(给) sòng(gěi) 동 (~에게) 선물하다 | 只 zhī 양 동물을 세는 단위 | 可爱 kě'ài 형 사랑스럽다, 귀엽다 | 黄色 huángsè 명 노란색 | 性格 xìnggé 명 성격 | 活泼 huópō 형 활발하다, 활기차다 | 学会 xuéhuì 배워서 할 수 있(게 되)다 | 散步 sànbù 이합사 산책하다 | 游戏 yóuxì 명 게임, 놀이, 오락 | 陪伴 péibàn 동 동반하다, 동행하다, 함께 하다 | 亲人 qīnrén 명 가족, 친척 | 家庭 jiātíng 명 가정 | 成员 chéngyuán 명 구성원

모범 답안 简单版

Wǒ yǎng le yì zhī hěn huópō de xiǎo gǒu, tā de máo shì huángsè de, gāoxìng de shíhou bù tíng de yáo wěiba. Tā búdàn kě'ài, érqiě hěn cōngmíng, hěn kuài jiù xuéhuì le hé wǒ wòshǒu. Wǒ tèbié xǐhuan tā, tā jiù xiàng wǒ de jiārén yíyàng.

我 养 了一只很 活泼 的 小 狗, 它的毛 是 黄色 的, 高兴 的 时候 不 停 地 摇 尾巴。它 不但 可爱, 而且 很 聪明, 很 快 就 学会 了 和我 握手。我 特别 喜欢 它, 它 就 像 我 的 家人 一样。

해석 나는 매우 활발한 강아지 한 마리를 기르는데, 그것의 털은 노란색이고, 기쁠 때는 끊임없이 꼬리를 흔든다. 강아지는 귀여울 뿐만 아니라 (게다가) 똑똑해서, 나와 악수하는 것을 금방 배웠다. 나는 강아지를 매우 좋아하고, 강아지는 마치 나의 가족과 같다.

어휘 养 yǎng 동 기르다, 키우다 | 摇 yáo 동 (손·머리·꼬리 등을) 흔들다 | 尾巴 wěiba 명 꼬리 | 像……一样 xiàng……yíyàng 마치 ~와 같다

🎧 04-12

STEP1 사진에서 떠올릴 수 있는 표현들 생각해 보기

인물	我 wǒ [대] 나, 저 快递员 kuàidìyuán 택배원
사물	快递 kuàidì [명] 택배
동작	签字 qiānzì [이합사] 서명하다, 사인하다

STEP2 사진 앞의 배경과 사진 이후의 결과를 보충하여 스토리 만들기

배경	→	사진의 상황	→	결과
나는 요즘 인터넷 쇼핑을 좋아함		택배원이 택배를 배달하고 사인하라고 함		택배원의 서비스에 매우 만족함

🔊 모범 답안 高级版

Zuìjìn wǒ tèbié xǐhuan zài wǎngshàng gòuwù, yīnwèi bù chūmén jiù kěyǐ mǎi
最近 我 特别 喜欢 在 网上   购物，因为 不 出门 就 可以 买
xūyào de dōngxi, hái néng sònghuòshàngmén, suǒyǐ fēicháng fāngbiàn. Jīntiān yǒu
需要 的 东西，还 能   送货上门， 所以 非常 方便。今天 有
yí ge kuàidì dào le, shì wǒ qián liǎng tiān mǎi de yí jiàn wàitào. Wǒ xià lóu qù
一个 快递 到 了，是 我 前 两 天 买 的 一 件 外套。我 下 楼 去
ná kuàidì, kuàidìyuán fēicháng qīnqiè, ràng wǒ hǎohāor quèrèn kuàidì yǒu méiyǒu
拿 快递，快递员 非常 亲切，让 我 好好儿 确认 快递 有 没有
wèntí, bìng ràng wǒ qiānzì. Wǒ duì tā de fúwù gǎndào hěn mǎnyì, zhè cì de
问题，并 让 我 签字。我 对 他 的 服务 感到 很 满意，这 次 的
wǎngshàng gòuwù tǐyàn zhēn shì tài wánměi le.
网上 购物 体验 真 是 太 完美 了。

해석 요즘 나는 인터넷에서 쇼핑하는 것을 매우 좋아하는데, 왜냐하면 외출하지 않아도 필요한 물건을 살 수 있고 집 앞까지 배달해 줄 수 있기 때문에 매우 편리하다. 오늘 택배 하나가 도착했는데, 내가 엊그제 산 한 벌의 외투였다. 내가 택배를 가지러 층을 내려 갔는데, 택배원은 매우 친절했고, 나에게 택배에 문제가 있는지 없는지 잘 확인하게 하고, 또한 나에게 서명하라고 했다. 나는 그의 서비스에 매우 만족했으며, 이번 인터넷 쇼핑 체험은 정말 너무나도 흠잡을 데 없었다.

어휘 网上 wǎngshàng 명 온라인, 인터넷 | 购物 gòuwù 동 물건을 구입하다, 쇼핑하다 | 出门 chūmén 이합사 외출하다, 집을 나서다 | 送货上门 sònghuòshàngmén 문 앞까지 상품을 배달하다 | 外套 wàitào 명 외투 | 亲切 qīnqiè 형 친절하다, 친근하다, 다정하다 | 确认 quèrèn 동 확인하다 | 感到 gǎndào 동 느끼다, 생각하다, 여기다 | 满意 mǎnyì 형 동 만족하다 | 体验 tǐyàn 동 체험하다 | 完美 wánměi 형 완벽하다, 흠잡을 데가 없다

모범 답안 简单版

今天我在网上买的东西到了。我下去拿快递的时候,快递员让我看看东西有没有问题,然后在纸上写我的名字,这样就可以把快递拿走了。我觉得在网上买东西真是太方便了。

해석 오늘 내가 인터넷에서 산 물건이 도착했다. 내가 택배를 가지러 내려갔을 때, 택배원은 나에게 물건에 문제가 있는지 없는지 보고, 그런 다음 종이에 내 이름을 쓰게 했으며, 이렇게 택배를 가져갈 수 있었다. 나는 인터넷에서 물건을 사는 것은 정말 너무 편리하다고 생각한다.

어휘 纸 zhǐ 명 종이

第三部分

🎧 04-13

13
Qǐng jièshào yíxià nǐ de jiāxiāng.
请 介绍 一下 你 的 家乡。
당신의 고향을 한번 소개해 주세요.

思路 정리하기

1. 나의 고향은 서울
2. 서울에 대한 자세한 소개 ❶ 한국의 수도
   ❷ 기후
   ❸ 여행에 적합함 → 아름다운 풍경과 고대 건축물이 있음, 쇼핑하기에 좋음, 교통이 편리함, 외국어가 잘 통함
3. 각국의 여행객들을 환영함

모범 답안 高级版

Wǒ de jiāxiāng shì Shǒu'ěr. Shǒu'ěr shì Hánguó de shǒudū, zhèlǐ yìnián sìjì
我 的 家乡 是 首尔。 首尔 是 韩国 的 首都, 这里 一年 四季
qìhòu fēnmíng, xiàtiān fēicháng rè, dōngtiān hěn lěng. Shǒu'ěr fēicháng shìhé lǚyóu,
气候 分明, 夏天 非常 热, 冬天 很 冷。 首尔 非常 **适合** 旅游,
zhèlǐ yǒu měilì de fēngjǐng hé gǔdài de jiànzhù, yě fēicháng shìhé gòuwù. Chúcǐ
这里 有 美丽 的 风景 和 古代 的 建筑, 也 非常 适合 购物。**除此**
zhīwài, jiāotōng yě fēicháng fāngbiàn, dìtiě xiànlù sìtōng bādá. Zuìhòu, wàiguó yóukè
之外, 交通 也 非常 方便, 地铁 线路 四通 八达。 最后, 外国 游客
láidào zhèlǐ yě búyòng dānxīn yǔyán wèntí, dàbùfen de jǐngdiǎn dōu yǒu Yīngyǔ、
来到 这里 也 不用 担心 语言 问题, 大部分 的 景点 都 有 英语、
Hànyǔ hé Rìyǔ de shuōmíng jièshào. Fēicháng huānyíng gè guó yóukè lái Shǒu'ěr
汉语 和 日语 的 说明 介绍。 非常 欢迎 各 国 游客 来 首尔
lǚxíng.
旅行。

해석 나의 고향은 서울이다. 서울은 한국의 수도인데, 이곳은 일 년 사계절 기후가 분명하여, 여름은 매우 덥고 겨울은 춥다. 서울은 여행하기에 매우 적합한데, 이곳에는 아름다운 풍경과 고대 건축들이 있고, 또한 쇼핑하기에 매우 적합하다. 이 외에 교통도 매우 편리해서, 지하철 노선이 사방으로 통한다. 마지막으로 외국 여행객들이 여기에 와도 언어 문제를 걱정할 필요가 없는데, 대부분 명소에는 모두 영어·중국어·일본어의 설명 소개가 있다. 각국의 여행객들이 서울로 여행 오는 것을 매우 환영한다.

어휘 家乡 jiāxiāng 몡 고향 | 首都 shǒudū 몡 수도 | 四季 sìjì 몡 사계절 | 气候 qìhòu 몡 기후 | 分明 fēnmíng 혭 분명하다 | 适合 shìhé 동 알맞다, 적합하다 | 旅游 lǚyóu 동 여행하다 | 美丽 měilì 혭 아름답다 | 风景 fēngjǐng 몡 풍경, 경치 | 古代 gǔdài 몡 고대 | 建筑 jiànzhù 몡 건축(물) | 除此之外 chúcǐ zhīwài 이 외에 | 交通 jiāotōng 몡 교통 | 线路 xiànlù 몡 노선 | 四通八达 sìtōng bādá 솅 (길이) 사방으로 통하다, 교통이 매우 편리하다 | 游客 yóukè 몡 관광객, 여행객 | 担心 dānxīn 동 걱정하다 | 景点 jǐngdiǎn 몡 경치가 좋은 곳, 명소 | 说明 shuōmíng 몡동 설명(하다) | 欢迎 huānyíng 동 환영하다 | 旅行 lǚxíng 동 여행하다

주요 표현 정리

1. 首尔非常适合旅游,

   ★ 合适와 适合의 차이

	合适	适合
뜻	적합하다, 알맞다	
품사적 차이	형용사(목적어를 가질 수 없음)	동사(목적어를 가질 수 있음)
예시	예 这个工作对我很合适。 이 일은 나에게 적합하다.	예 这个工作很适合我。 이 일은 나에게 적합하다.

2. 除此之外, (= 除了这个以外)

   ★ 此 : 这로 시작되는 대부분의 표현을 대신할 수 있음

   예 从此 ① 이때부터(= 从这个时候) ② 여기부터(= 从这儿)

   　对此 이에 대해(= 对这个)

   　如此 이에 대해(= 像这样)

모범 답안 简单版

Wǒ de jiāxiāng shì Shǒu'ěr. Shǒu'ěr shì ge fēicháng shìhé lǚyóu de chéngshì,
我 的 家乡 是 首尔。 首尔 是 个 非常 适合 旅游 的 城市,
zhèli yǒu hěn duō měilì de fēngjǐng, háiyǒu hěn duō hǎochī de cài, érqiě jiāotōng yě
这里 有 很 多 美丽 的 风景, 还有 很 多 好吃 的 菜, 而且 交通 也
fēicháng fāngbiàn. Huānyíng yóukèmen lái wǒ de jiāxiāng lǚxíng.
非常 方便。 欢迎 游客们 来 我 的 家乡 旅行。

해석 나의 고향은 서울이다. 서울은 여행하기에 매우 적합한 도시인데, 이곳에는 아름다운 풍경이 많이 있고, 맛있는 음식도 많이 있으며, 게다가 교통도 매우 편리하다. 여행객들이 나의 고향으로 여행 오는 것을 환영한다.

어휘 城市 chéngshì 몡 도시

🎧 04-14

14 Qǐng shuō yí jiàn ràng nǐ yìnxiàng shēnkè de shì.
请 说 一件 让 你 印象 深刻 的 事。
당신이 인상 깊었던 일을 말해 주세요.

思路 정리하기

1. 중국에 여행 갔을 때 지갑을 잃어버림
2. 생각지도 못하게 중국 아주머니가 찾아 줌
3. 매우 감동함

모범 답안 高级版

Ràng wǒ yìnxiàng bǐjiào shēn de yí jiàn shì shì, qùnián wǒ qù Zhōngguó lǚxíng
让 我 印象 比较 深 的 一 件 事 是,去年 我 去 中国 旅行
de shíhou, bù xiǎoxīn diū le qiánbāo. Dāngshí wǒ fēicháng zháojí, yīnwèi wǒ de
的 时候,不 小心 丢 了 钱包。 当时 我 非常 着急,因为 我 的
hùzhào、yínhángkǎ hé xiànjīn dōu zài qiánbāo lǐmiàn. Wǒ yǐwéi zài yě zhǎobudào le,
护照、 银行卡 和 现金 都 在 钱包 里面。我 以为 再也 找不到 了,
méixiǎngdào yǒu yí ge Zhōngguó āyí jiǎndào le wǒ de qiánbāo, huángěi le wǒ. Suīrán
没想到 有 一个 中国 阿姨 捡到 了 我 的 钱包, 还给 了 我。虽然
yīnwèi yǔyán bù tōng, bù néng hǎohāor biǎodá duì tā de gǎnxiè, dànshì wǒ xiànzài
因为 语言 不 通,不 能 好好儿 表达 对 她 的 感谢,但是 我 现在
hái jìde dāngshí de xīnqíng, fēicháng gǎndòng.
还 记得 当时 的 心情, 非常 感动。

해석 나의 인상을 비교적 깊게 만든 하나의 일은, 작년에 내가 중국에 여행 갔을 때, 부주의하게 지갑을 잃어버린 것이다. 당시 나는 매우 초조했는데, 왜냐하면 나의 여권, 은행 카드 그리고 현금이 모두 지갑 속에 있었기 때문이다. 나는 다시는 찾지 못할 것이라고 생각했는데, 생각지도 못하게 한 중국 아주머니가 나의 지갑을 주워서 나에게 돌려주었다. 비록 언어가 통하지 않았기 때문에 그녀에 대한 감사를 아주 잘 표현할 수는 없었지만, 나는 지금도 여전히 당시의 심정을 기억하며 매우 감동한다.

어휘 印象 yìnxiàng 명 인상 | 深 shēn 형 깊다 | 丢 diū 동 잃(어버리)다 | 钱包 qiánbāo 명 지갑 | 着急 zháojí 형 조급해하다, 초조해하다 | 护照 hùzhào 명 여권 | 现金 xiànjīn 명 현금 | 以为 yǐwéi 동 ~라고 (잘못) 생각하다, 착각하다 | 阿姨 āyí 명 아주머니 | 捡 jiǎn 동 줍다 | 还 huán 동 돌려주다, 반납하다, 상환하다 | 表达 biǎodá 동 (생각이나 감정을) 표현하다 | 感谢 gǎnxiè 동 감사(하다) | 记得 jìde 동 기억하고 있다 | 心情 xīnqíng 명 심정, 마음, 기분 | 感动 gǎndòng 동 형 감동하다, 감동시키다

> 주요 표현 정리
>
> 我以为再也找不到了，没想到有一个中国阿姨捡到了我的钱包，还给了我。
>
> ★ 以为A，原来/没想到/谁知(道)B：A라고 잘못 생각했는데(착각했는데), 알고 보니 B 이다/생각지도 못하게 B이다/B일줄 누가 알았겠느냐
>
> 예 我以为小王是中国人，原来/没想到/谁知(道)他是韩国人。
> 나는 샤오왕이 중국인일줄 알았는데, 알고 보니 그는 한국인이었다. (생각지도 못하게 그는 한국인이었다/ 그가 한국인일 줄 누가 알았겠나)

모범 답안 ▶ 简单版

Ràng wǒ yìnxiàng hěn shēn de yí jiàn shì shì, wǒ zài Zhōngguó wánr de
让 我 印象 很 深 的 一 件 事 是，我 在 中国 玩儿 的
shíhou, diū le qiánbāo, dāngshí hěn zhòngyào de dōngxi dōu zài qiánbāo lǐmiàn, suǒyǐ
时候，丢 了 钱包， 当时 很 重要 的 东西 都 在 钱包 里面，所以
wǒ hěn zháojí, hòulái yí ge Zhōngguó āyí zhǎodào le wǒ de qiánbāo, huángěi le wǒ,
我 很 着急，后来 一 个 中国 阿姨 找到 了 我 的 钱包， 还给 了 我，
zhè ràng wǒ fēicháng gǎndòng.
这 让 我 非常 感动。

해석 나의 인상을 깊게 만든 하나의 일은, 내가 중국에서 놀 때 지갑을 잃어버린 것이다. 당시 매우 중요한 물건들이 모두 지갑 속에 있었으며, 그래서 나는 매우 초조했다. 나중에 한 중국 아주머니가 나의 지갑을 찾아서 나에게 돌려주었 고, 이것은 나를 매우 감동하게 만들었다.

실전 모의고사 5회

모범 답안 및 해설

> 第一部分

🎧 05-01

1 Xiànzài shì shíyī diǎn èrshí fēn.
现在 是 / 十一 点 二十 分。 지금은 11시 20분입니다.

문장 구조 파악 주어 + 동사서술어 + 목적어
현在   是   十一点二十分
→ 문장구조는 간단하지만, 숫자가 포함된 문장은 숫자를 반드시 잘 기억해야 함!

🎧 05-02

2 Wǒ dào le jiā jiù gěi nǐ dǎ diànhuà.
我 到 了 家 / 就 给 你 打 电话。
나는 집에 도착한 다음 바로 너에게 전화할게.

문장 구조 파악 (동사1)한 다음에 (동사2)하다
주어 + 동사1 + 完/了 + (목적어1) + (以)后 + 就/才/再 + 동사2 + (목적어2)
  我   到   了   家   就   打   电话
→ 完, 了, (以)后 중 하나만 사용해도 되고 2개 이상 중복 사용해도 됨.
→ 就는 '바로', 才는 '그제서야', 再는 '그런 다음'의 뜻으로 두 동작을 연결함. 사용하지 않아도 됨.

수식 성분 파악

부사어 전치사구(동사2 수식) : 给你

🎧 05-03

3 Wǒ bǎ zúqiú fàngzài zhuōzi xiàmiàn le.
我 把 足球 / 放在 桌子 下面 了。 나는 축구공을 책상 아래쪽에 두었다.

문장 구조 파악

(시간명사) + 주어 + (부사/조동사) + 把 + 목적어 + 동사서술어 + 기타성분 ➡ **把자문**
            我   把   足球   放   在下面了

120

> **코너 속 어법 Tip**
>
> ### 把자문의 구조
> [(시간명사) + 주어 + (시간명사) + (부사/조동사) + 把 + 목적어 + 동사서술어 + 기타성분]
>
> 예) 明天　我　　　　　一定会　把　这本书　　还　　　给他。
> 　　　내일 나는 반드시 이 책을 그에게 돌려줄 것이다.
>
> **Tip ①** 시간명사는 주어 앞뒤에 모두 위치할 수 있음. → 我明天도 가능!
>
> **Tip ②** 부사와 조동사는 보통 把 앞에 사용하지만, 일부 부사(都/也/再/重新)는 상황에 따라 把전치사구 뒤·동사서술어 바로 앞에 사용함.
>
> **Tip ③** 동사 뒤에는 반드시 기타성분(동태조사 了 또는 着/보어/중첩형)이 필요함.
>
> 예) 我　　每天　　都　　把这本书　看　　　　一遍。
> 　　주어　시간명사　부사　　　　　동사서술어　기타성분(동량보어)
>
> 　　我　　把这本书　都　看　　完了。
> 　　주어　　　　　　부사　동사서술어　기타성분(결과보어+了)

어휘 足球 zúqiú 명 축구, 축구공

🎧 05-04

4　Tā shǒulǐ ná zhe yí ge báisè de bēizi.
　　他手里 拿着 / 一个 白色 的 杯子。
　　그는 손 안에 한 개의 흰색 잔을 가지고 있다.

문장 구조 파악　주어 + 동사서술어 + 목적어
　　　　　　　　他手里　　拿　　　杯子

수식 성분 파악

　관형어　수량사 : 一个
　　　　　명사 : 白色
　　　→ 구조조사 的 잊지 않기.

> **코너 속 어법 Tip**
>
> 지속을 나타내는 동태조사 着 잊지 않기!

어휘 拿 ná 동 잡다, 쥐다, 가지다

🎧 05-05

5 Nà běn zázhì de nèiróng fēicháng yǒu yìsi.
那 本 杂志 的 内容 / 非常 有 意思。 그 잡지의 내용은 매우 재미있다.

문장 구조 파악 주어 + 형용사서술어
　　　　　　　　内容　　有意思

수식 성분 파악

관형어 지시대사 + (수사) + 양사 + 명사 : 那(一)本杂志
　　➡ 구조조사 的 잊지 않기.

부사어 정도부사 : 非常

어휘 杂志 zázhì 명 잡지

🎧 05-06

6 Zhōngguó jīngjì fāzhǎn de sùdù fēicháng kuài.
中国 经济 发展 的 速度 / 非常 快。
중국 경제가 발전하는 속도는 매우 빠르다.

문장 구조 파악 주어 + 형용사서술어
　　　　　　　　速度　　快

수식 성분 파악

관형어 주술(주어 + 서술어)구조 : 中国经济发展
　　➡ 구조조사 的 잊지 않기.

부사어 정도부사 : 非常

어휘 经济 jīngjì 명 경제 | 发展 fāzhǎn 동 발전하다 | 速度 sùdù 명 속도

🎧 05-07

7 Jiějie zhèng yìbiān chànggē yìbiān tiàowǔ ne.
姐姐 / 正 一边 唱歌 一边 跳舞 呢。
언니는 한창 한편으로 노래를 부르고 한편으로 춤을 추고 있다.

문장 구조 파악 한편으로 ~하고 한편으로 ~하다
一边 + 동사1 + (목적어1) 一边 + 동사2 + (목적어2)
　　　唱　　歌　　　　　跳　　舞

수식 성분 파악 正……呢 : 막 ~하고 있다, 마침 ~하고 있다, 한창 ~하고 있다

어휘　唱歌 chànggē [이합사] 노래를 부르다　|　跳舞 tiàowǔ [이합사] 춤을 추다

🎧 05-08

8　Māma kàn zhe háizimen gāoxìng de xiào le.
妈妈 / 看 着 孩子们 / 高兴 地 笑 了。
엄마는 아이들을 보면서 기쁘게 웃었다.

문장 구조 파악 (동사1)하면서 (동사2)하다
주어 + 동사1 + 着 + (목적어1) + 동사2 + (목적어2)
妈妈　　看　着　　孩子们　　笑

수식 성분 파악

부사어　형용사(동사2 수식) : 高兴
　→ 구조조사 地 잊지 않기.

> **코너 속 어법 Tip**
> **2음절 형용사가 동사를 수식할 때**
> ❶ 사람의 심리나 감정을 나타내는 형용사는 반드시 地를 사용
>   예 高兴地说 기쁘게 말하다　|　满意地笑 만족스럽게 웃다
> ❷ 그 외 형용사는 地 생략 가능
>   예 仔细(地)看 자세하게 보다　|　明显(地)提高 분명하게 향상하다

🎧 05-09

9　Zhè cì de zuòyè dàjiā wánchéng de fēicháng hǎo.
这 次 的 作业 / 大家 完成 得 非常 好。
이번 숙제는 모두 매우 잘 완성했다.

문장 구조 파악 주어 + 주술서술어 → 주술술어문
　　　　　　　　　　　주어 + 서술어
　　　　　　　作业　大家　完成

수식 성분 파악

관형어 주어 수식 : 这次的

보어 정도보어(주술서술어의 동사 完成 수식) : 非常好

> **코너 속 어법 Tip**
>
> **정도보어의 용법**
>
> ❶ 목적어가 없는 경우
>   [동사/형용사 + 得 + 정도보어]
>   예 说得很好 말하는 정도가 잘한다 (→ 말을 잘한다)
>
> ❷ 목적어가 있는 경우 : 첫 번째 동사는 생략 가능
>   [(동사) + 목적어 + 동사 + 得 + 정도보어]
>   예 (说)汉语说得很好 중국어를 말하는 정도가 잘한다 (→ 중국어를 잘한다)

어휘 作业 zuòyè 명 숙제 | 完成 wánchéng 동 완성하다, 끝내다

🎧 05-10

10 Wǒmen jiàoshì de qiángshàng yǒu yì zhāng shìjiè dìtú.
我们 教室 的 墙上 / 有 一 张 世界 地图。
우리 교실의 벽 위에는 한 장의 세계 지도가 있다.

문장 구조 파악   주어 + 동사서술어 + 목적어
                     墙上   有   世界地图

수식 성분 파악

관형어 주어 수식 : 我们教室
           ➔ 구조조사 的 잊지 않기.

수량사(목적어 수식) : 一张

어휘 墙 qiáng 명 벽, 담 | 世界 shìjiè 명 세계 | 地图 dìtú 명 지도

第二部分

🎧 05-11

11

▌ **STEP1** 사진에서 떠올릴 수 있는 표현들 생각해 보기

인물	我 wǒ 대 나, 저 朋友 péngyou 명 친구
동작	把手放在耳边 bǎ shǒu fàngzài ěrbiān 손을 귓가에 대다 告诉 gàosu 동 알려주다, 알리다
감정	高兴 gāoxìng 형 기쁘다, 즐겁다

▌ **STEP2** 사진 앞의 배경과 사진 이후의 결과를 보충하여 스토리 만들기

배경		사진의 상황		결과
요즘 나는 고민이 있음	→	친구가 손을 내 귓가에 대고 좋은 방법을 알려줌	→	들은 후 기분이 좋아짐

모범 답안 高级版

我 有 一个 认识了 十 年 的 好 朋友。我们 的 关系 非常 好，不但 分享 彼此的 秘密，身边 有 什么 新鲜 事 也 会 第一 时间 告诉 对方。今天 我 和 朋友 一起 吃饭，我 告诉 他 最近 有 一 件 事，让 我 不 知道 该 怎么 办。朋友 想 了 一会儿，然后 把 手 放在 我 耳边，悄悄 告诉 了 我 一 个 办法。我 听 了 觉得 真 是 一 个 好 主意，心情 也 一下子 变好 了。

해석 나는 10년을 알고 지낸 좋은 친구 한 명이 있다. 우리의 관계는 매우 좋아서, 서로의 비밀을 함께 나눌 뿐만 아니라, 곁에 무슨 새로운 일이 있어도 가장 먼저 상대방에게 말해 준다. 오늘 나와 친구는 함께 밥을 먹는데, 내가 그에게 최근 어떻게 해야 할지 모르겠는 일이 있다고 말했다. 친구는 잠깐 생각한 후에 손을 귓가에 대고, 몰래 나에게 하나의 방법을 알려 줬다. 나는 들은 후 정말 좋은 아이디어라고 생각했고, 기분도 바로 좋아졌다.

어휘 分享 fēnxiǎng 동 함께 나누다 | 彼此 bǐcǐ 대 피차, 서로 | 秘密 mìmì 명 비밀 | 新鲜 xīnxiān 형 신선하다, 새롭다 | 第一时间 dì yī shíjiān 가장 빠른 시간, 가장 먼저 | 对方 duìfāng 명 상대방, 상대편 | 悄悄 qiāoqiāo 부 몰래, 살짝 | 办法 bànfǎ 명 방법 | 主意 zhǔyi 명 생각, 의견, 아이디어 | 心情 xīnqíng 명 심정, 마음, 기분 | 一下子 yíxiàzi 한번에, 바로

모범 답안 简单版

最近 有 个 问题 让 我 感到 很 烦恼，不 知道 该 怎么 解决。我 告诉 朋友 以后，他 想 了 想，然后 悄悄 告诉 了 我 一 个 好 办法。我 听 后 高兴 极了，非常 感谢 他。

해석 최근 어떤 문제가 나를 고민하게 하는데, 어떻게 해결해야 할지 모르겠다. 내가 친구에게 말한 후, 그는 생각을 좀 한 후에 몰래 나에게 하나의 좋은 방법을 알려 줬다. 나는 듣고 나서 매우 기뻤고, 그에게 매우 감사했다.

어휘 烦恼 fánnǎo 형 걱정하다, 고민하다 | 解决 jiějué 동 해결하다 | 感谢 gǎnxiè 동 감사하다

🎧 05-12

12

STEP1 사진에서 떠올릴 수 있는 표현들 생각해 보기

인물	我 wǒ [대] 나, 저 男朋友 nánpéngyou 남자 친구
사물	戒指 jièzhi [명] 반지
동작	拿出戒指 ná chū jièzhi 반지를 꺼내다 向我求婚 xiàng wǒ qiúhūn 나에게 프로포즈하다
감정	感动 gǎndòng [동][형] 감동하다, 감동시키다

STEP2 사진 앞의 배경과 사진 이후의 결과를 보충하여 스토리 만들기

배경	→	사진의 상황	→	결과
나와 남자 친구는 3년 동안 연애했음		남자 친구가 반지를 꺼내 나에게 프로포즈 함		나는 감동했고 그의 프로포즈를 승낙함

모범 답안 高级版

我和男朋友已经谈了三年恋爱了，他一直很照顾我，我们之间的感情很好。今年我们都找到了合适的工作，生活慢慢稳定下来了。上个周末，我们一起吃晚饭的时候，男朋友突然拿出一枚漂亮的戒指向我求婚。我很感动，高兴地答应了他，餐厅里的其他客人都为我们祝福。今天真是个值得纪念的日子。

해석 나와 남자 친구는 이미 3년 동안 연애했고, 그는 줄곧 나를 매우 잘 보살펴 주었으며, 우리 사이의 애정은 좋다. 올해 우리는 모두 알맞는 직업을 찾았고, 생활이 천천히 안정되었다. 지난 주말, 우리가 함께 저녁을 먹을 때, 남자 친구는 갑자기 예쁜 반지 하나를 꺼내어 나에게 프로포즈했다. 나는 매우 감동했고, 기쁘게 그에게 승낙했으며, 식당 안의 다른 손님들도 모두 우리를 위해 축복했다. 오늘은 정말 기념할 가치가 있는 날이다.

어휘 谈恋爱 tán liàn'ài 연애하다 | 照顾 zhàogù [동] 돌보다, 보살펴 주다 | 合适 héshì [형] 적합하다 | 稳定 wěndìng [형] 안정적이다 | 突然 tūrán [형] 갑작스럽다 | 枚 méi [양] 둥글고 납작한 물건을 세는 단위 | 答应 dāying [동] 동의하다, 승낙하다, 허락하다 | 餐厅 cāntīng [명] 식당 | 祝福 zhùfú [동] 축복하다 | 值得 zhídé [동] ~할 만한 가치가 있다 | 纪念 jìniàn [동] 기념하다

모범 답안 简单版

我和男朋友谈了三年恋爱了，今年我们都找到了合适的工作，应该准备结婚了。上个周末我和男朋友一起在饭店吃晚饭，男朋友突然拿出戒指，让我和他结婚，最后我感动地答应了。

해석 나와 남자 친구는 3년 동안 연애했고, 올해 우리는 모두 알맞는 직업을 찾아서 결혼을 준비해야 한다. 지난 주말 나와 남자 친구가 함께 식당에서 저녁을 먹을 때, 남자 친구는 갑자기 반지를 꺼내며 나에게 그와 결혼해 달라고 했고 마지막에 나는 감동해서 승낙했다.

어휘 准备 zhǔnbèi [동] 1. 준비하다 2. ~할 계획이다 | 结婚 jiéhūn [이합사] 결혼하다

第三部分

🎧 05-13

13
Nǐ zuì xǐhuan shénme dòngwù?
你 最 喜欢 什么 动物?
당신은 무슨 동물을 가장 좋아합니까?

思路 정리하기

1. 강아지를 가장 좋아함, 그 이유
2. 강아지를 키운 경험
3. 나를 즐겁고 편안하게 만듦

모범 답안 ▶ 高级版

Wǒ zuì xǐhuan xiǎo gǒu, yīnwèi gǒu búdàn fēicháng kě'ài, érqiě hěn zhōngchéng,
我 最 喜欢 小 狗, 因为 狗 不但 非常 可爱, 而且 很 忠诚,
shì rénlèi de hǎo péngyou. Wǒ jiāli yě yǎng guo gǒu, tā de máo shì báisè de,
是 人类 的 好 朋友。 我 家里 也 养 过 狗, 它 的 毛 是 白色 的,
liǎng zhī yǎnjing yòu dà yòu yuán. Měi cì wǒ chūmén de shíhou, tā jiù zài jiā děng
两 只 眼睛 又 大 又 圆。 每 次 我 出门 的 时候, 它 就 在 家 等
wǒ; wǒ huíjiā de shíhou, tā huì yáo zhe wěiba kāixīn de yíngjiē wǒ. Wǒ měitiān
我; 我 回家 的 时候, 它 会 摇 着 尾巴 开心 地 迎接 我。 我 每天
dōu dài tā chūqu sànbù, hūxī xīnxiān kōngqì, hé tā zài yìqǐ de shíguāng ràng wǒ
都 带 它 出去 散步, 呼吸 新鲜 空气, 和 它 在 一起 的 时光 让 我
fēicháng kāixīn hé fàngsōng.
非常 开心 和 放松。

해석 나는 강아지를 가장 좋아한다. 왜냐하면 강아지는 매우 귀여울 뿐만 아니라, 충성스럽고, 인류의 좋은 친구이기 때문이다. 우리 집에서도 강아지를 키운 적이 있는데, 그것의 털은 흰색이었고, 두 눈은 크고 동그랬다. 매번 내가 외출할 때면, 강아지는 집에서 나를 기다렸고, 내가 집에 돌아올 때, 강아지는 꼬리를 흔들며 기쁘게 나를 맞아 주었다. 나는 매일 강아지를 데리고 산책하러 나가 신선한 공기를 마셨는데, 강아지와 함께 보낸 시간은 나를 매우 즐겁고 편안하게 만든다.

어휘 忠诚 zhōngchéng 형 충성스럽다, 충실하다 | 人类 rénlèi 명 인류 | 养 yǎng 동 기르다, 키우다 | 圆 yuán 형 둥글다, 동그랗다 | 摇 yáo 동 흔들다 | 尾巴 wěiba 명 꼬리 | 迎接 yíngjiē 동 맞이하다, 마중하다 | 散步 sànbù 이합사 산책하다 | 呼吸 hūxī 동 호흡하다 | 新鲜 xīnxiān 형 신선하다, 새롭다 | 空气 kōngqì 명 공기 | 时光 shíguāng 명 시간, 세월 | 放松 fàngsōng 동 편안하게 하다, 느슨하게 하다

주요 표현 정리

1. 狗不但非常可爱，而且很忠诚。
   ★ **不但/不仅**A，**而且**B**也/还** : A할 뿐만 아니라 게다가 B하다[점층]

   Tip 점층에서 주어의 위치
   ❶ 앞 절과 뒤 절의 주어가 일치할 때 : 반드시 **不但/不仅** 앞에 주어 쓰기
   예 他不但会说英语，也会说汉语。
   그는 영어를 말할 수 있을 뿐만 아니라, 또한 중국어도 말할 줄 안다.

   ❷ 앞 절과 뒤 절의 주어가 다를 때 : 반드시 **不但/不仅** 뒤에 주어 쓰기
   예 不但他会说英语，我也会说英语。
   그가 영어를 말할 수 있을 뿐만 아니라, 나도 영어를 말할 줄 안다.

2. 两只眼睛又大又圆。
   ★ **又**A**又**B : A하기도 하고 B하기도 하다
   예 这个孩子又聪明又漂亮。 이 아이는 똑똑하기도 하고 예쁘기도 하다.

3. 它会摇着尾巴开心地迎接我。
   ★ 주어 + 동사1 + **着** + (목적어1) + 동사2 + (목적어2) : (동사1)하면서 (동사2)하다
   → '동사1'의 동작이 유지되면서 '동사2'가 겹쳐 발생함을 나타냄
   예 他躺着看书。 그는 누워서 책을 본다.

모범 답안 简单版

Wǒ zuì xǐhuan gǒu, yīnwèi gǒu huópō kě'ài, hái néng bāngzhù rénlèi zuò hěn
我 最 喜欢 狗，因为 狗 活泼 可爱，还 能 帮助 人类 做 很
duō shìqing, shì rénlèi de hǎo péngyou. Wǒ yǐqián yě yǎng guo gǒu, wǒ měitiān dài
多 事情，是 人类 的 好 朋友。我 以前 也 养 过 狗，我 每天 带
tā chūqu sànbù, hé tā yìqǐ wánr de shíhou, wǒ juéde fēicháng xìngfú.
它 出去 散步，和 它 一起 玩儿 的 时候，我 觉得 非常 幸福。

해석 나는 강아지를 가장 좋아한다. 왜냐하면 강아지는 활발하고 귀여우며, 또한 인류를 도와 많은 일을 하고, 인류의 좋은 친구이기 때문이다. 나는 이전에 강아지를 키운 적이 있는데, 매일 강아지를 데리고 산책을 나갔고, 강아지와 함께 놀 때 나는 매우 행복하다고 느꼈다.

어휘 活泼 huópō 형 활발하다, 활기차다 | 幸福 xìngfú 명 형 행복(하다)

14

Péngyou guò shēngrì de shíhou, nǐ yìbān sòng shénme lǐwù?
朋友 过 生日 的 时候，你 一般 送 什么 礼物？
친구가 생일을 보낼 때 당신은 보통 무슨 선물을 줍니까?

思路 정리하기

1. 평범한 관계일 때 ➡ 커피나 케이크 쿠폰
2. 매우 친한 친구일 때 ➡ 친구가 좋아하거나 필요한 물건
3. 가격보다 성의가 중요함

모범 답안 　高级版

Rúguǒ shì guānxi yìbān, huò gāng rènshi bù jiǔ de péngyou guò shēngrì, wǒ
如果 是 关系 一般, 或 刚 认识 不久 的 朋友 过 生日, 我
huì sòng kāfēi huòzhě dàngāo de dàijīnquàn gěi tā. Rúguǒ shì guānxi fēicháng hǎo
会 送 咖啡 或者 蛋糕 的 代金券 给 他。如果 是 关系 非常 好
de péngyou guò shēngrì, wǒ huì yòngxīn de xuǎnzé péngyou xǐhuan huòzhě xūyào
的 朋友 过 生日, 我 会 用心 地 选择 朋友 喜欢 或者 需要
de dōngxi zuò lǐwù. Wǒ juéde lǐwù de jiàgé bú zhòngyào, dànshì xīnyì hěn zhòngyào.
的 东西 做 礼物。我 觉得 礼物 的 价格 不 重要, 但是 心意 很 重要。
Suǒyǐ méiyǒu bìyào hùxiāng sòng yìxiē fēicháng guìzhòng de lǐwù, sòng yìxiē bǐjiào
所以 没有 必要 互相 送 一些 非常 贵重 的 礼物, 送 一些 比较
yǒu yìyì de lǐwù, ránhòu yìqǐ kāixīn de chī ge fàn huì gèng hǎo.
有 意义 的 礼物, 然后 一起 开心 地 吃 个 饭 会 更 好。

해석 만약 관계가 평범하거나 혹은 막 알게 된 지 오래되지 않은 친구가 생일을 보내면, 나는 커피나 케이크 쿠폰을 그에게 선물할 것이다. 만약 관계가 매우 좋은 친구가 생일을 보내면, 나는 심혈을 기울여서 친구가 좋아하거나 필요로 하는 물건을 선택해서 선물로 줄 것이다. 나는 선물의 가격은 중요하지 않지만, 성의가 중요하다고 생각한다. 그래서 서로 매우 값진 선물을 줄 필요는 없으며, 비교적 의미 있는 선물을 주고, 그런 후에 함께 즐겁게 식사를 하면 더욱 좋을 것이다.

어휘 **刚** gāng 부 막, 방금 | **蛋糕** dàngāo 명 케이크 | **代金券** dàijīnquàn 명 상품권, 쿠폰 | **用心** yòngxīn 형 마음을 쓰다, 심혈을 기울이다 | **价格** jiàgé 명 가격 | **心意** xīnyì 명 마음, 성의 | **必要** bìyào 형 필요로 하다 | **互相** hùxiāng 부 서로 | **贵重** guìzhòng 형 귀중하다, 값지다 | **意义** yìyì 명 의미, 의의

주요 표현 정리

我会送咖啡或者蛋糕的代金券给他。
我会用心地选择朋友喜欢或者需要的东西做礼物。
然后一起开心地吃个饭会更好。

★ 조동사 会의 용법

❶ 능력 : ~할 수 있다, ~할 줄 안다(학습이나 훈련을 통해 갖게 된 능력)

  예 我会说汉语。 나는 중국어를 말할 수 있다.

❷ 추측 : ~할 것이다 → 위 세 문장의 会는 모두 추측을 나타냄

  예 他会来的。 그는 올 것이다.

❸ 능숙 : ~을 잘하다

  예 他很会说。 그는 말을 매우 잘한다.

모범 답안 › 简单版

Wǒ yìbān huì sònggěi péngyou kāfēi huòzhě dàngāo, rúguǒ shì guānxi tèbié
我 一般 会 送给 朋友 咖啡 或者 蛋糕, 如果 是 关系 特别
hǎo de péngyou guò shēngrì, wǒ kěnéng huì sònggěi tā xūyào de huòzhě xǐhuan de
好 的 朋友 过 生日, 我 可能 会 送给 他 需要 的 或者 喜欢 的
dōngxi. Wǒ juéde lǐwù de jiàgé bú zhòngyào, xīnyì shì zuì zhòngyào de.
东西。 我 觉得 礼物 的 价格 不 重要, 心意 是 最 重要 的。

해석 나는 일반적으로 친구에게 커피나 케이크를 선물하는데, 만약 관계가 매우 좋은 친구가 생일을 보내면, 나는 아마 그가 필요하거나 혹은 좋아하는 물건을 선물할 것이다. 나는 선물의 가격은 중요하지 않고, 성의가 가장 중요한 것이라고 생각한다.

실전 모의고사 6회

모범 답안 및 해설

第一部分

🎧 06-01

1   Wǒ péngyou de xìnggé hěn yōumò.
　　我　朋友　的　性格 / 很　幽默。 내 친구의 성격은 유머러스하다.

문장 구조 파악　주어 + 형용사서술어
　　　　　　　　　　性格　　幽默

수식 성분 파악

　관형어　주어 수식 : 我朋友
　　　➡ 구조조사 的 잊지 않기.

　부사어　정도부사 : 很
　　　➡ 형용사가 서술어가 될 때, '매우'의 뜻이 아니더라도 습관적으로 정도부사 很을 사용함.

어휘　性格 xìnggé 명 성격 ｜ 幽默 yōumò 형 유머러스하다

🎧 06-02

2   Wǒ jìngrán wàng le zhǔnbèi huìyì zīliào.
　　我　竟然　忘了 / 准备　会议　资料。
　　나는 뜻밖에 회의 자료를 준비하는 것을 잊어버렸다.

문장 구조 파악　주어 + 동사서술어 + 서술성목적어
　　　　　　　　　　我　　　忘　　准备会议资료

서술성목적어 구조　동사서술어 + 목적어
　　　　　　　　　　　准备　　会议资料

수식 성분 파악

　부사어　부사 : 竟然

> **코너 속 어법 Tip**
> 동작의 완료를 나타내는 동태조사 了 잊지 않기!

어휘 竟然 jìngrán [부] 뜻밖에도, 의외로 | 准备 zhǔnbèi [동] 준비하다 | 会议 huìyì [명] 회의 | 资料 zīliào [명] 자료

🎧 06-03

3
Wǒ xiǎng gàosu nǐ / yí jiàn zhòngyào de shìqing.
我 想 告诉 你 / 一 件 重要 的 事情。
나는 너에게 하나의 중요한 일을 알려주고 싶어.

문장 구조 파악 주어 + 동사서술어 + 간접목적어(~에게) + 직접목적어(~을)
　　　　　　　　我　　　　告诉　　　　　你　　　　　　　　事情

> **코너 속 어법 Tip**
> **두 개의 목적어를 가지는 동사**
> 일부 동사는 간접목적어(~에게)와 직접목적어(~을) 두 개의 목적어를 가질 수 있다. 대표적으로 给, 问, 教(给), 送(给), 告诉 등이 이에 속한다.
>
> [주어 + 동사 + 간접목적어 + 직접목적어]
> **예** 我　问　你　一个问题。　내가 당신에게 하나의 질문을 묻겠습니다.

수식 성분 파악

부사어 조동사 : 想(~하고 싶다)

관형어 직접목적어 수식 : 수량사(一件) + 형용사(重要)
　　　➡ 수량사는 반드시 형용사보다 앞에 써야 함.
　　　➡ 구조조사 的 잊지 않기.

어휘 重要 zhòngyào [형] 중요하다

🎧 06-04

4
Tā bǎ zuì xǐhuan de huàr sònggěi wǒ le.
她 / 把 最 喜欢 的 画儿 / 送给 我 了。
그녀는 가장 좋아하는 그림을 나에게 선물했다.

문장 구조 파악

(시간명사) + 주어 + (부사/조동사) + 把 + 목적어 + 동사서술어 + 기타성분 ➡ **把자문**
　　　　　　她　　　　　　　　　　　把 最喜欢的画儿　　送　　　给我了。

어휘　画儿 huàr 명 그림

🎧 06-05

5　Chúle Xiǎo Míng yǐwài, dàjiā dōu bù xǐhuan páshān.
　　除了 小 明 以外, / 大家 都 不 喜欢 爬山。
　　샤오밍을 제외하고 모두 등산하는 것을 좋아하지 않는다.

문장 구조 파악　除了……以外, 주어 + 都……

코너 속 어법 Tip

除了……以外의 용법

❶ 除了A以外, B也/还…… : A 이외에 B도 ~하다
　예 除了小王以外, 别的同学也去了。
　　샤오왕 이외에, 다른 반 친구들도 갔다. (→ 샤오왕도 갔음)

❷ 除了A以外, B都…… : A를 제외하고 B는 모두 ~하다
　예 除了小王以外, 别的同学都去了。
　　샤오왕을 제외하고, 다른 반 친구들은 모두 갔다. (→ 샤오왕은 가지 않음)

어휘　爬山 páshān 이합사 등산하다, 산에 올라가다

🎧 06-06

6　Shùxué lǎoshī ná zhe yì běn shū zǒu jìnlai le.
　　数学 老师 / 拿 着 一 本 书 / 走 进来 了。
　　수학 선생님은 한 권의 책을 들고 걸어 들어왔다.

문장 구조 파악　(동사1)하면서 (동사2)하다
　　　　　　　　주어 + 동사1 + 着 + (목적어1) + 동사2 + (목적어2)
　　　　　　　　数学老师　拿　　着　　书　　　走

수식 성분 파악

　관형어 수량사(목적어1 수식) : 一本
　보어 방향보어(동사2 수식) : 进来

어휘　数学 shùxué 명 수학

🎧 06-07

7   Nǐ shàngkè yòng de dōngxi dōu zhǔnbèihǎo le ma?
你 / 上课 用 的 东西 / 都 准备好 了 吗?
당신의 수업용 물건은 모두 다 준비되었나요?

문장 구조 파악   주어 + 동사서술어
                  东西   准备

수식 성분 파악

관형어 주어 수식 : 你上课用
     ➡ 구조조사 的 잊지 않기.

부사어 부사 : 都

보어 결과보어 : 好
     ➡ 결과보어 好는 동작이 잘 마무리되었음을 나타냄.

> **코너 속 어법 Tip**
> 동사가 결과보어를 가진다는 것은 동작이 다 완료되어 결과가 나왔다는 뜻이다. 따라서 종종 동작의 완료를 나타내는 동태조사 了와 함께 사용한다.

> **코너 속 어법 Tip**
> 의문을 나타내는 어기조사 吗 잊지 않기!

🎧 06-08

8   Qù Běijīng de fēijī kěnéng huì wǎndiǎn qǐfēi.
去 北京 的 飞机 / 可能 会 / 晚点 起飞。
베이징으로 가는 비행기는 아마 좀 늦게 이륙할 것이다.

문장 구조 파악   주어 + 동사서술어
                  飞机   起飞

수식 성분 파악

관형어 주어 수식 : 去北京
     ➡ 구조조사 的 잊지 않기.

부사어　부사 : 可能

　　　　　조동사 : 会(추측 : ~할 것이다)

　　　　　형용사 + (一)点 : 晚点

어휘　可能 kěnéng 🟦 아마도 ｜ 起飞 qǐfēi 🟦 이륙하다

🎧 06-09

9　　Dìdi　huā liǎngbǎi kuài qián mǎi le yí ge shūbāo.
　　　弟弟 / 花　两百　块　钱 / 买 了 一 个 书包。
　　　남동생은 200위안을 써서 하나의 책가방을 샀다.

문장 구조 파악　주어 + 동사1 + 목적어1 + 동사2 + 목적어2 ➡ **연동문**
　　　　　　　　　弟弟　　花　　两百块钱　　买　　　书包

코너 속 어법 Tip

연동문에 동작의 완료를 나타내는 동태조사 了를 사용할 때는 마지막 동사(핵심동작)에 한 번만 사용하면 된다. '(책가방을) 샀다'는 동사에 한 번만 了를 사용하면 당연히 돈을 쓴 것도 되기 때문이다.

수식 성분 파악

관형어　수량사(목적어2 수식) : 一个

어휘　花 huā 🟦 (돈이나 시간을) 소비하다, 쓰다, 소모하다

🎧 06-10

10　　Rúguǒ　nǐ bú yuànyì　qù kàn diànyǐng, wǒmen jiù zài jiāli　xiūxi ba.
　　　如果 / 你 不 愿意 / 去 看　电影，我们 / 就 在 家里 休息 吧。
　　　만약 네가 영화 보러 가길 원치 않는다면, 우리 집에서 휴식하자.

문장 구조 파악

如果 + 주어 + 동사서술어1 + 서술성목적어,　주어 + 就 + 동사서술어2
如果　你　　愿意　　去看电影，　我们　就　　休息

수식 성분 파악

부사어　부정부사(동사서술어1 수식) : 不

　　　　　전치사구(동사서술어2 수식) : 在家里

> **코너 속 어법 Tip**
> 제안을 나타내는 어기조사 吧 잊지 않기!

어휘 愿意 yuànyì [조동] ~하기를 바라다 | 休息 xiūxi [동] 휴식하다

第二部分

🎧 06-11

STEP1 사진에서 떠올릴 수 있는 표현들 생각해 보기

인물	我 wǒ [대] 나, 저 面试官 miànshìguān 면접관
동작	面试 miànshì [동] 면접하다 参加面试 cānjiā miànshì 면접에 참가하다
감정	紧张 jǐnzhāng [형] 긴장하다

STEP2 사진 앞의 배경과 사진 이후의 결과를 보충하여 스토리 만들기

배경	→	사진의 상황	→	결과
내가 가고 싶은 회사의 면접이 있음		면접에 참가함		통과할 것이라고 생각함

모범 답안 高级版

今天是很重要的日子,因为今天我要参加面试。去这个公司工作是我的梦想,所以我非常希望能顺利通过面试。面试开始了,我感到很紧张,我面前的四个面试官虽然看起来很严肃,但其实很亲切。他们问了我很多问题,我和他们之间的沟通非常愉快。虽然现在还不知道面试结果,但我感觉自己一定没问题。

해석 오늘은 매우 중요한 날이다. 왜냐하면 오늘 나는 면접에 참가하려 하기 때문이다. 이 회사에 가서 일하는 것은 나의 꿈이고, 그래서 나는 순조롭게 면접을 통과할 수 있기를 매우 희망한다. 면접이 시작되었고 나는 매우 긴장된다고 느꼈는데, 내 앞의 네 명의 면접관은 비록 엄숙해 보였지만, 사실 친절했다. 그들은 나에게 많은 질문을 했고, 나와 그들 간의 소통은 매우 즐거웠다. 비록 지금은 아직 면접 결과를 모르지만, 나는 스스로 분명 문제없을 거라고 느낀다.

어휘 梦想 mèngxiǎng 명 꿈 | 希望 xīwàng 명 동 희망(하다) | 顺利 shùnlì 형 순조롭다 | 通过 tōngguò 동 통과하다 전 ~을 통해 | 感到 gǎndào 동 느끼다, 생각하다, 여기다 | 严肃 yánsù 형 엄숙하다, 근엄하다 | 亲切 qīnqiè 형 친근하다, 친절하다 | 沟通 gōutōng 동 소통하다 | 感觉 gǎnjué 동 느끼다, 여기다

모범 답안 简单版

今天我有一个很重要的面试,所以我非常紧张。四个面试官坐在我的前面,他们很亲切,问了我很多问题。慢慢地我就不紧张了,我觉得自己一定能通过面试。

해석 오늘 나는 아주 중요한 면접이 있어서 매우 긴장했다. 네 명의 면접관은 내 앞에 앉아 있었고, 그들은 친절했으며, 나에게 많은 질문을 했다. 조금씩 나는 긴장하지 않게 되었고, 나는 스스로 분명 면접을 통과할 수 있을 거라고 생각한다.

🎧 06-12

STEP1 사진에서 떠올릴 수 있는 표현들 생각해 보기

인물	我 wǒ [대] 나, 저
동작	接电话 jiē diànhuà 전화를 받다
감정	高兴 gāoxìng [형] 기쁘다, 즐겁다

STEP2 사진 앞의 배경과 사진 이후의 결과를 보충하여 스토리 만들기

배경	→	사진의 상황	→	결과
오늘은 주말이라서 집에서 쉬려고 함		친구에게서 온 전화를 받고 친구가 중요한 시험을 통과했다는 소식을 듣게 됨		함께 식사하고 술을 마시며 축하하기로 함

모범 답안 ▶ 高级版

Jīntiān shì zhōumò, wǒ běnlái dǎsuàn yìzhěngtiān dōu zài jiā xiūxi. Wǒ zuòzài
今天 是 周末，我 本来 打算 一整天 都 在 家 休息。我 坐在

shāfāshàng, zhèng yào kàn diànshì de shíhou, tūrán jiēdào le péngyou de diànhuà.
沙发上， 正 要 看 电视 的 时候，突然 接到 了 朋友 的 电话。

Péngyou gàosu wǒ, tā tōngguò le yí ge hěn zhòngyào de kǎoshì. Zhè zhēn shì yí
朋友 告诉 我，她 通过 了 一 个 很 重要 的 考试。这 真 是 一

ge hǎo xiāoxi, wǒ tīngdào yǐhòu tèbié gāoxìng, liánmáng zhùhè tā. Zuìhòu wǒmen
个 好 消息，我 听到 以后 特别 高兴， 连忙 祝贺 她。最后 我们

yuēdìnghǎo le, jīntiān wǎnshang yìqǐ qù péngyou jiā fùjìn de cāntīng chīfàn、hē jiǔ
约定好 了，今天 晚上 一起 去 朋友 家 附近 的 餐厅 吃饭、喝酒

qìngzhù yíxià.
庆祝 一下。

해석 오늘은 주말이라서, 나는 원래 하루 종일 집에서 휴식할 계획이었다. 내가 소파에 앉아 막 텔레비전을 보려고 할 때, 갑자기 친구의 전화를 받게 되었다. 친구는 나에게 그녀가 매우 중요한 시험을 통과했다고 알려 주었다. 이것은 정말 좋은 소식이었고, 나는 들은 후 매우 기뻐서 얼른 그녀를 축하해 주었다. 마지막에 우리는 오늘 저녁에 함께 친구 집 부근의 식당에 가서 식사하고 술을 마시며 축하하기로 약속했다.

어휘 沙发 shāfā 몡 소파 | 突然 tūrán 혱 갑작스럽다 | 连忙 liánmáng 부 얼른, 재빨리 | 祝贺 zhùhè 동 축하하다 | 约定 yuēdìng 동 약속하다 | 附近 fùjìn 몡 부근, 근처 | 庆祝 qìngzhù 동 경축하다, 축하하다

모범 답안 简单版

Jīntiān wǒ zhèng zuòzài shāfāshàng xiūxi, tūrán jiēdào le péngyou de diànhuà.
今天 我 正 坐在 沙发上 休息，突然 接到 了 朋友 的 电话。
Péngyou gàosu wǒ, tā tōngguò le yí ge hěn zhòngyào de kǎoshì. Wǒ tīng hòu
朋友 告诉 我，她 通过 了 一 个 很 重要 的 考试。我 听 后
fēicháng gāoxìng, gǎnjǐn zhùhè tā. Zuìhòu wǒmen juédìng wǎnshang yìqǐ qù hē jiǔ.
非常 高兴，赶紧 祝贺 她。最后 我们 决定 晚上 一起 去 喝 酒。

해석 오늘 내가 막 소파에 앉아 휴식하려고 할 때, 갑자기 친구의 전화를 받게 되었다. 친구는 나에게 그녀가 매우 중요한 시험을 통과했다고 알려 주었다. 나는 들은 후 매우 기뻐서 얼른 그녀를 축하해 주었다. 마지막에 우리는 저녁에 함께 술을 마시러 가기로 결정했다.

어휘 赶紧 gǎnjǐn 부 서둘러, 급히, 재빨리

第三部分

🎧 06-13

13 Shuō yi shuō nǐ xiǎng qù shénme dìfang lǚyóu.
说 一 说 你 想 去 什么 地方 旅游。
당신은 어느 곳으로 여행 가고 싶은지 말해 보세요.

思路 정리하기

1. 云南에 가장 가고 싶음
2. 친구가 云南에 여행간 적이 있음　❶ 풍경이 아름다움
　　　　　　　　　　　　　　　❷ 맛있는 음식이 있음
3. 그곳에 여행 가고 싶음

🔊 모범 답안 ▶ 高级版

Wǒ zuì xiǎng qù Zhōngguó de Yúnnán, tīngshuō nàlǐ sìjì dōu shì chūntiān, jǐngsè
我 最 想 去 中国 的 云南，听说 那里 四季 都 是 春天，景色
fēicháng piàoliang. Yǐqián wǒ de péngyou céngjīng qù Yúnnán lǚxíng guo, huílái hòu
非常 漂亮。以前 我 的 朋友 曾经 去 云南 旅行 过，回来 后
tā bǎ zhàopiàn fēnxiǎng gěi wǒ kàn, wǒ fāxiàn nàlǐ búdàn yǒu hěn duō měilì de
他 把 照片 分享 给 我 看，我 发现 那里 不但 有 很 多 美丽 的
xiānhuā, hái yǒu fēngjǐng dútè de xuěshān, hé Shǒu'ěr tèbié bù yíyàng. Chúcǐ zhīwài,
鲜花，还 有 风景 独特 的 雪山，和 首尔 特别 不 一样。除此 之外，
péngyou hái gàosu wǒ nàlǐ yě yǒu hěn duō tèsè měishí, bǐrú mǐxiàn děngděng.
朋友 还 告诉 我 那里 也 有 很 多 特色 美食，比如 米线 等等。
Suǒyǐ yǐhòu yǒu jīhuì de huà, wǒ yě xiǎng qù nàlǐ lǚxíng.
所以 以后 有 机会 的 话，我 也 想 去 那里 旅行。

해석 나는 중국의 윈난에 가장 가고 싶은데, 듣기로 그곳은 사계절이 모두 봄이고, 경치가 매우 아름답다고 한다. 이전에 내 친구가 일찍이 윈난에 여행하러 간 적이 있는데, 돌아온 후 그는 사진을 나에게 공유하여 보여 줬고, 나는 그곳에 아름다운 꽃이 많이 있을 뿐만 아니라, 풍경이 독특한 설산도 있어서, 서울과는 매우 다르다는 것을 발견했다. 이 외에, 친구는 또 나에게 그곳에는 많은 지역 특색 음식, 예를 들어 미셴 등이 있다고 알려 주었다. 그래서 나중에 기회가 있다면, 나도 그곳에 여행 가고 싶다.

어휘 景色 jǐngsè 명 경치 | 曾经 céngjīng 부 일찍이, 이전에 | 分享 fēnxiǎng 동 함께 나누다, 공유하다 | 美丽 měilì 형 아름답다 | 鲜花 xiānhuā 명 생화, 꽃 | 风景 fēngjǐng 명 풍경 | 独特 dútè 형 독특하다 | 除此之外 chúcǐ zhīwài 이 외에 | 特色美食 tèsè měishí 지역 특색 음식 | 比如 bǐrú 동 예를 들어

주요 표현 정리

所以以后有机会的话，
★ 如果/要是…… = 如果/要是……的话 = ……的话 : 만약 ~라면
예) 如果你有事的话，就不用来了。만약 네가 일이 있다면, 올 필요 없어.

🔊 모범 답안 ▶ 简单版

Wǒ xiǎng qù Zhōngguó de Yúnnán. Yīnwèi nàlǐ yì nián zhōng měitiān dōu shì
我 想 去 中国 的 云南。因为 那里 一 年 中 每天 都 是
chūntiān, jǐngsè fēicháng piàoliang, yǒu hěn duō xiānhuā, hái yǒu měilì de xuěshān.
春天，景色 非常 漂亮，有 很 多 鲜花，还 有 美丽 的 雪山。
Wǒ de péngyou yǐqián qù guo nàlǐ, tā juéde nàlǐ fēicháng shìhé lǚxíng, suǒyǐ wǒ
我 的 朋友 以前 去 过 那里，他 觉得 那里 非常 适合 旅行，所以 我
yě xiǎng qù.
也 想 去。

해석 나는 중국의 윈난에 가장 가고 싶다. 왜냐하면 그곳은 일 년 중 매일이 봄이고, 경치가 매우 아름다우며, 많은 꽃이 있고, 또한 아름다운 설산이 있기 때문이다. 내 친구가 이전에 그곳에 간 적이 있는데, 그는 그곳이 여행하기에 매우 적합하다고 생각한다. 그래서 나도 가고 싶다.

어휘 适合 shìhé [동] 적합하다, 알맞다

🎧 06-14

14
Hěn duō rén dōu xiǎng jiǎnféi, duì cǐ nǐ zěnme kàn?
很 多 人 都 想 减肥，对 此 你 怎么 看?
많은 사람이 다이어트하고 싶어 하는데, 이에 대해 당신은 어떻게 봅니까?

思路 정리하기

1. 다이어트는 개인의 자유임
2. 건강한 방식으로 다이어트해야 함
3. 건강이 일순위여야 함

🔊 모범 답안 高级版

Wǒ juéde jiǎnféi shì gèrén de zìyóu, wǒ zìjǐ yě yǒu jiǎnféi de jīnglì.
我 觉得 减肥 是 个人 的 自由，我 自己 也 有 减肥 的 经历。
Xiàndàirén dōu zhòngshì zìjǐ de wàimào hé shēncái, hěn duō ài měi de nǚháizi xiǎng
现代人 都 重视 自己 的 外貌 和 身材，很 多 爱美 的 女孩子 想
ràng zìjǐ kàn qǐlai gèng piàoliang, zhè shì kěyǐ lǐjiě de. Dànshì, suīrán wǒ zhīchí
让 自己 看 起来 更 漂亮，这 是 可以 理解 的。但是，虽然 我 支持
zhe xiǎng yào jiǎnféi de xiǎngfǎ, dàn wǒ juéde yīnggāi yòng jiànkāng de fāngshì,
着 想 要 减肥 的 想法，但 我 觉得 应该 用 健康 的 方式，
bǐrú hélǐ de yǐnshí, jiāqiáng yùndòng děng, ér búshì tōngguò bù chīfàn, shènzhì chī
比如 合理 地 饮食，加强 运动 等，而 不是 通过 不 吃饭，甚至 吃
jiǎnféiyào lái jiǎnféi. Yīnwèi jiànkāng cái shì dì yī wèi de.
减肥药 来 减肥。因为 健康 才 是 第 一 位 的。

해석 나는 다이어트는 개인의 자유라고 생각하며, 나 자신도 다이어트한 경험이 있다. 현대인은 모두 자신의 외모와 몸매를 중요시하고, 멋내기를 좋아하는 많은 여성이 자신을 더 예뻐 보이게 하고 싶어 하는데, 이것은 이해할 수 있는 것이다. 그러나 비록 나는 다이어트하고 싶은 생각을 지지하지만, 합리적으로 음식을 먹고 운동을 강화하는 등 건강한 방식을 사용해야 하고, 밥을 먹지 않는 방식을 통해서, 심지어는 다이어트약을 먹어서 다이어트하는 것은 안 된다고 생각한다. 왜냐하면 건강이야말로 일순위이기 때문이다.

어휘 减肥 jiǎnféi [이합사] 다이어트하다 | 自由 zìyóu [명][형] 자유(롭다) | 经历 jīnglì [명] 경력, 경험 [동] 겪다, 경험하다 | 重视 zhòngshì [동] 중시하다 | 外貌 wàimào [명] 외모, 외관 | 身材 shēncái [명] 몸매 | 爱美 ài měi 멋내기를 좋아하다 | 理解 lǐjiě [동] 이해하다 | 支持 zhīchí [동] 지지하다 | 合理 hélǐ 합리적이다 | 饮食 yǐnshí [명][동] 음식(을 먹다) | 加强 jiāqiáng [동] 강화하다 | 运动 yùndòng [명][동] 운동(하다) | 甚至 shènzhì [접] 심지어

모범 답안 简单版

Wǒ juéde jiǎnféi shì kěyǐ de, dànshì bù néng yòng bú jiànkāng de fāngshì,
我 觉得 减肥 是 可以 的，但是 不 能 用 不 健康 的 方式，
yīnggāi duō yùndòng, duō chī shūcài, búyào bù chīfàn. Yīnwèi jiànkāng shì zuì
应该 多 运动，多 吃 蔬菜，不要 不 吃饭。因为 健康 是 最
zhòngyào de, bù néng wèile jiǎnféi yǐngxiǎng shēntǐ jiànkāng.
重要 的，不 能 为了 减肥 影响 身体 健康。

해석 나는 다이어트는 할 수 있다고 생각하지만, 건강하지 않은 방식을 사용해서는 안 되고, 많이 운동하고 채소를 많이 먹고 밥을 굶어서는 안 된다. 왜냐하면 건강이 가장 중요한 것이며, 다이어트를 위해 건강에 영향을 주어서는 안 되기 때문이다.

어휘 蔬菜 shūcài 명 채소 | 影响 yǐngxiǎng 명 동 영향(을 주다)

실전 모의고사 7회

A07 MP3 　모범 답안 및 해설

第一部分

🎧 07-01

1　Wǒ duì zhè ge dìfang hěn shúxi.
　　我 对 这 个 地方 / 很 熟悉。 나는 이곳에 대해 잘 안다.

문장 구조 파악　주어 + 형용사서술어
　　　　　　　　　我　　熟悉

수식 성분 파악

　부사어 전치사구 : 对这个地方
　　　　 정도부사 : 很

　➜ '주어 + 对전치사구 + 정도부사 + 형용사서술어' 구조는 시험에 자주 출제되므로
　　 반드시 암기하기!
　　 예 他对我很好。

어휘　熟悉 shúxi 동 잘 알다

🎧 07-02

2　Lǎoshī ràng wǒmen xiě dāncí.
　　老师 / 让 我们 / 写 单词。 선생님은 우리에게 단어를 쓰라고 하셨다.

문장 구조 파악　(주어)가 (명사)로 하여금 ~하게 하다.
　　　　　　　　주어 + 让/叫/使/令 + 명사 + 동사/형용사 (+ 목적어) ➜ **사동문**
　　　　　　　　老师　　 让　　　 我们　　 写　　　　　 单词

어휘　单词 dāncí 명 단어

🎧 07-03

3 Nǐ lái cháng yi cháng, / zhè ge cài hǎochī ma?
你 来 尝 一 尝, / 这 个 菜 好吃 吗?
당신이 맛 좀 보세요. 이 요리는 맛있나요?

문장 구조 파악 주어 + 동사서술어, 주어 + 형용사서술어
　　　　　　你　　尝一尝　菜　　好吃

> 코너 속 어법 Tip
>
> 1. 동작의 주체를 강조하는 来 : 여기서 来는 '오다'가 아니라 주어의 적극성을 강조함
>   예 我来介绍一下。 제가 소개를 한번 할게요.
> 2. 동사의 중첩 : 동작을 가볍게 만들어 줌(한번 ~하다, 잠깐 ~하다, 좀 ~하다). 동사 뒤에 一下를 쓰는 것과 같은 뜻을 나타냄.
>
> | 1음절 동사 | A(一)A
예 看(一)看 = 看一下 |
> |---|---|
> | 2음절 동사 | ABAB
예 休息休息 = 休息一下 |

> 코너 속 어법 Tip
>
> 의문을 나타내는 어기조사 吗 잊지 않기!

어휘 尝 cháng 동 맛보다 | 菜 cài 명 1. 채소 2. 요리

🎧 07-04

4 Mèimei zuòzài shāfāshàng kàn diànshì.
妹妹 / 坐在　沙发上 / 看　电视。 여동생은 소파에 앉아서 텔레비전을 본다.

문장 구조 파악 주어 + 동사서술어1 + 목적어1 + 동사서술어2 + 목적어2
　　　　　　妹妹　　坐在　　沙发上　　看　　电视

146

5

♫ 07-05

Wǒ shì sān nián qián kāishǐ xuéxí Hànyǔ de.
我 是 三 年 前 / 开始 学习 汉语 的。
나는 3년 전에 중국어를 배우기 시작했다.

문장 구조 파악

주어 + 是 + 시간강조 + 동사서술어 + 서술성목적어 + 的 ➡ 是……的 강조구문
我　　是　　三年前　　　开始　　　学习汉语　　的

코너 속 어법 Tip

是……的 강조구문
동사가 아닌 그 배경이 되는 시간·장소·방식·목적 등을 강조하고자 할 때 강조 포인트 앞에 是를 쓰고 동사 뒤에 的를 쓴다.

6

♫ 07-06

Tā duì Zhōngguó de lìshǐ hěn gǎn xìngqù.
她 / 对 中国 的 历史 / 很 感 兴趣。
그녀는 중국 역사에 대해 매우 흥미를 느낀다.

문장 구조 파악 　주어 + 동사서술어 + 목적어
　　　　　　　　　她　　　感　　　兴趣

수식 성분 파악

부사어 전치사구 : 对中国的历史

　　　　정도부사 : 很

　➡ 对……感兴趣/有兴趣는 '~에 흥미를 느끼다', '~에 관심을 갖다'라는 뜻의 관용 표현으로, 반대말은 对……不感兴趣/没(有)兴趣라고 함.

어휘　历史 lìshǐ 명 역사

🎧 07-07

7 Māma jīntiān zài chāoshì mǎi le hěn duō dōngxi.
妈妈 / 今天 在 超市 / 买 了 很 多 东西。
엄마는 오늘 슈퍼마켓에서 많은 물건을 샀다.

문장 구조 파악   주어 + 동사서술어 + 목적어
　　　　　　　　　妈妈　　买　　　东西

수식 성분 파악

부사어 시간명사 : 今天
　　　　　전치사구 : 在超市
관형어 목적어 수식 : 很多

> **코너 속 어법 Tip**
> 동작의 완료를 나타내는 동태조사 了 잊지 않기!

어휘 超市 chāoshì [명] 슈퍼마켓

🎧 07-08

8 Nǐ bù zhīdào zài túshūguǎn jìnzhǐ chōuyān ma?
你 不 知道 / 在 图书馆 / 禁止 抽烟 吗?
당신은 도서관에서 담배 피우는 것을 금지한다는 것을 모르나요?

문장 구조 파악   주어 + 동사서술어 + 서술성목적어
　　　　　　　　　你　　知道　　在图书馆禁止抽烟

서술성목적어 구조   전치사구 + 동사서술어 + 목적어
　　　　　　　　　　　在图书馆　　禁止　　　抽烟

수식 성분 파악

부사어 부정부사 : 不

> **코너 속 어법 Tip**
> 不知道……吗는 상대방의 대답을 원하는 질문이 아니라 자신의 생각을 확인받고자 하는 반어문(반문문)이다.

어휘 禁止 jìnzhǐ [동] 금지하다 | 抽烟 chōuyān [이합사] 담배를 피우다

🎧 07-09

9 Nà wèi zhùmíng de zuòjiā shēnshòu dúzhě de xǐ'ài.
那 位 著名 的作家 / 深受 读者 的 喜爱。
그 유명한 작가는 독자들의 사랑을 깊이 받는다.

문장 구조 파악   주어 + 동사서술어 + 목적어
　　　　　　　　　作家　　深受　　喜爱

수식 성분 파악

관형어 주어 수식 : 那(一)位[지시대사+(수사)+양사]
　　　　　　　　　著名(형용사)
→ 구조조사 的 잊지 않기.

목적어 수식 : 读者
→ 구조조사 的 잊지 않기.

어휘 著名 zhùmíng [형] 저명하다, 유명하다 | 作家 zuòjiā [명] 작가 | 深受 shēnshòu [동] 깊이 받다, 크게 받다 | 读者 dúzhě [명] 독자 | 喜爱 xǐ'ài [동] 애호하다, 좋아하다

🎧 07-10

10 Wǒmen xuéxiào xiǎng qǐng Lǐ jiàoshòu gěi tóngxuémen jièshào Zhōngguó de wénhuà.
我们 学校 / 想 请 李 教授 / 给 同学们 / 介绍 中国 的 文化。
우리 학교는 리 교수님이 학생들에게 중국 문화를 소개하도록 부탁하고 싶어 한다.

문장 구조 파악

　　　　　　　　　　　주어　　서술어2　목적어2
我们学校　　请　　李教授　　介绍　　文化
주어　　　서술어1　목적어1

→ 이때 李教授는 서술어1의 목적어와 서술어2의 주어를 겸하고 있기 때문에 '겸어'라고 부르며, 이런 문형을 '겸어문'이라고 한다.

수식 성분 파악

부사어 조동사[서술어1 수식] : 想(~하고 싶다)
　　　　전치사구[서술어2 수식] : 给同学们

| 관형어 | 목적어2 수식 : 中国
→ 구조조사 的 잊지 않기.

어휘 教授 jiàoshòu [명] 교수

第二部分

🎧 07-11

11

STEP1 사진에서 떠올릴 수 있는 표현들 생각해 보기

인물	我 wǒ [대] 나, 저 丈夫 zhàngfu [명] 남편
사물	笔记本电脑 bǐjìběn diànnǎo [명] 노트북
동작	用电脑 yòng diànnǎo 컴퓨터를 사용하다
감정	高兴 gāoxìng [형] 기쁘다, 즐겁다 满意 mǎnyì [형][동] ~에 만족하다

STEP2 사진 앞의 배경과 사진 이후의 결과를 보충하여 스토리 만들기

배경	→	사진의 상황	→	결과
내 예전 노트북이 고장 나서 남편이 새 노트북을 사줬음		나와 남편이 함께 새 노트북을 사용해 봄		매우 만족스럽고 남편에게 감사함

모범 답안 — 高级版

我的笔记本电脑最近坏了，已经不能修理了。今天我回家后，发现丈夫给我买了一台新的，而且是最新的款式。我很高兴，赶紧和丈夫一起打开电脑试用，上网查资料、看视频等等。我发现这台电脑不但屏幕大小合适，而且画面非常清楚，网速也很快。所以我对它非常满意，很感谢我的丈夫。

Wǒ de bǐjìběn diànnǎo zuìjìn huài le, yǐjīng bù néng xiūlǐ le. Jīntiān wǒ huíjiā hòu, fāxiàn zhàngfu gěi wǒ mǎi le yì tái xīn de, érqiě shì zuì xīn de kuǎnshì. Wǒ hěn gāoxìng, gǎnjǐn hé zhàngfu yìqǐ dǎkāi diànnǎo shìyòng, shàngwǎng chá zīliào、kàn shìpín děngděng. Wǒ fāxiàn zhè tái diànnǎo búdàn píngmù dàxiǎo héshì, érqiě huàmiàn fēicháng qīngchu, wǎngsù yě hěn kuài. Suǒyǐ wǒ duì tā fēicháng mǎnyì, hěn gǎnxiè wǒ de zhàngfu.

해석 나의 노트북이 최근에 고장 나서, 이미 수리할 수 없게 되었다. 오늘 내가 집에 돌아온 후에 남편은 나에게 새로운 한 대를 사 줬으며, 게다가 최신 모델이라는 것을 발견했다. 나는 기뻐서 얼른 남편과 함께 노트북을 켜서 인터넷에 접속하여 자료를 찾고 동영상을 보는 등 시험 삼아 써 봤다. 나는 이 노트북의 모니터 크기가 적합할 뿐만 아니라, 화면이 매우 또렷하고 인터넷 속도도 빠르다는 것을 발견했다. 그래서 나는 그것에 대해 매우 만족했고, 내 남편에게 매우 감사했다.

어휘 修理 xiūlǐ 동 수리하다 | 台 tái 양 기계를 세는 단위 | 款式 kuǎnshì 명 스타일, 디자인, 모델 | 赶紧 gǎnjǐn 부 서둘러, 급히, 재빨리 | 试用 shìyòng 동 시험삼아 써보다 | 上网 shàngwǎng 이합사 인터넷에 접속하다 | 查 chá 동 찾다, 검색하다 | 资料 zīliào 명 자료 | 视频 shìpín 명 동영상 | 屏幕 píngmù 명 스크린, 모니터 | 合适 héshì 형 알맞다, 적합하다 | 画面 huàmiàn 명 화면 | 网速 wǎngsù 명 인터넷 속도 | 感谢 gǎnxiè 동 감사하다

모범 답안 — 简单版

我以前一直使用的笔记本电脑坏了，所以丈夫送给我一台新的电脑。它是银白色的，不但好看，而且非常好用。我和丈夫一起用它上网、看视频，我很喜欢这台电脑。

Wǒ yǐqián yìzhí shǐyòng de bǐjìběn diànnǎo huài le, suǒyǐ zhàngfu sònggěi wǒ yì tái xīn de diànnǎo. Tā shì yínbáisè de, búdàn hǎokàn, érqiě fēicháng hǎoyòng. Wǒ hé zhàngfu yìqǐ yòng tā shàngwǎng、kàn shìpín, wǒ hěn xǐhuan zhè tái diànnǎo.

해석 내가 이전에 줄곧 사용하던 노트북이 고장 났고, 그래서 남편이 나에게 새 노트북 한 대를 선물해 주었다. 그것은 은백색으로 보기 좋을 뿐만 아니라, 쓰기에도 매우 편하다. 나와 남편은 함께 노트북을 사용해서 인터넷에 접속하고 동영상을 봤고, 나는 이 노트북을 매우 좋아한다.

어휘 好用 hǎoyòng 쓰기에 편하다

🎧 07-12

12

▍STEP1　사진에서 떠올릴 수 있는 표현들 생각해 보기

인물	我 wǒ [대] 나, 저
사물	开会 kāihuì [이합사] 회의를 하다 参加会议 cānjiā huìyì 회의에 참가하다
동작	资料 zīliào [명] 자료
감정	高兴 gāoxìng [형] 기쁘다, 즐겁다 开心 kāixīn [형] 유쾌하다, 즐겁다

▍STEP2　사진 앞의 배경과 사진 이후의 결과를 보충하여 스토리 만들기

배경	→	사진의 상황	→	결과
오늘 협력할 회사와 회의가 있음		회사를 대표하여 회의에 참가함		쌍방이 계약서에 사인하고 회의가 순조롭게 끝남

🔊 모범 답안　高级版

Jīntiān wǒmen gōngsī yào hé lìngwài yí ge gōngsī yìqǐ kāihuì, yīnwèi zuìjìn liǎng ge gōngsī zhǔnbèi hézuò. Wǒ dàibiǎo gōngsī cānjiā le zhè cì huìyì, huìyì jìnxíng qián, wǒ zhǔnbèi le hěn duō zīliào, duìfāng kàn le wǒ zhǔnbèi de zīliào hòu, fēicháng mǎnyì. Tāmen tíchū le hěn hǎo de yìjiàn, shuāngfāng de gōutōng fēicháng yúkuài. Zuìhòu, shuāngfāng de dàibiǎo zài hétóngshàng qiān le zì. Zhè cì de huìyì shùnlì jiéshù le, wǒ gǎndào fēicháng kāixīn.

今天我们公司要和另外一个公司一起开会，因为最近两个公司准备合作。我代表公司参加了这次会议，会议进行前，我准备了很多资料，对方看了我准备的资料后，非常满意。他们提出了很好的意见，双方的沟通非常愉快。最后，双方的代表在合同上签了字。这次的会议顺利结束了，我感到非常开心。

해석 오늘 우리 회사는 다른 한 회사와 함께 회의하려 했다. 왜냐하면 최근 두 회사는 협력을 준비하기 때문이다. 나는 회사를 대표하여 이번 회의에 참가했는데, 회의가 진행되기 전, 나는 많은 자료를 준비했고, 상대는 내가 준비한 자료를 본 후 매우 만족했다. 그들은 매우 좋은 의견을 제시했고, 쌍방의 소통은 매우 즐거웠다. 마지막에 쌍방의 대표는 계약서에 사인했다. 이번 회의는 순조롭게 끝났고, 나는 매우 기쁘다고 느꼈다.

어휘 另外 lìngwài [대] 그 밖의, 다른 | 合作 hézuò [동] 합작하다, 협력하다 | 代表 dàibiǎo [명] 대표, 대표자 [동] 대표하다, 대신하다 | 进行 jìnxíng [동] 진행하다 | 对方 duìfāng [명] 상대방, 상대편 | 提出 tíchū [동] 제시하다, 제기하다 | 意见 yìjiàn [명] 의견 | 双方 shuāngfāng [명] 쌍방, 양측 | 沟通 gōutōng [동] 소통하다 | 合同 hétóng [명] 계약(서) | 签字 qiānzì [이합사] 서명하다, 사인하다 | 顺利 shùnlì [형] 순조롭다 | 结束 jiéshù [동] 끝나다, 마치다

모범 답안 简单版

今天 我们 公司 和 另外 一 个 公司 一起 开会，我 参加 了 这 个 会议。为了 让 对方 满意，我 准备 了 很 多 资料，对方 看 了 以后，问 了 一些 问题。最后 他们 决定 和 我们 合作，我 感到 非常 高兴。

해석 오늘 우리 회사는 다른 한 회사와 함께 회의했고, 나는 이 회의에 참가했다. 상대방을 만족시키기 위해, 나는 많은 자료를 준비했고, 상대방은 (자료를) 본 후에 약간의 질문을 했다. 마지막에 그들은 우리와 협력하기로 결정했고, 나는 매우 기뻤다.

어휘 决定 juédìng [명][동] 결정(하다)

第三部分

🎧 07-13

13
Nǐ xǐhuan shénmeyàng de péngyou, wèishénme?
你 喜欢 什么样 的 朋友，为什么？
당신은 어떤 친구를 좋아합니까? 왜입니까?

思路 정리하기

1. 성격이 외향적인 친구를 좋아함 – 이유 ❶ 내 성격이 내성적이라서
   ❷ 함께 있으면 나도 활발해짐

2. 솔직한 친구를 좋아함 – 이유 : 솔직하지 않으면 신임할 수 없음

🗣 모범 답안 ▶ 高级版

Wǒ xǐhuan hé xìnggé wàixiàng de rén jiāo péngyou. Yīnwèi wǒ xìnggé bǐjiào
我 喜欢 和 性格 外向 的 人 交 朋友。因为 我 性格 比较
nèixiàng, píngshí bǐjiào ānjìng, suǒyǐ xǐhuan hé huópō wàixiàng de péngyou yìqǐ
内向，平时 比较 安静，所以 喜欢 和 活泼 外向 的 朋友 一起
wánr. Wàixiàng de péngyou yìbān huà bǐjiào duō, zài hé tāmen xiāngchǔ de shíhou,
玩儿。外向 的 朋友 一般 话 比较 多，在 和 他们 相处 的 时候，
shòudào tāmen de yǐngxiǎng, wǒ yě huì biàn de huópō yìdiǎnr, wǒ juéde zhè duì
受到 他们 的 影响，我 也 会 变 得 活泼 一点儿，我 觉得 这 对
wǒ láishuō fēicháng yǒu hǎochù. Hái yǒu, wǒ yě hěn xǐhuan hé chéngshí de rén jiāo
我 来说 非常 有 好处。还 有，我 也 很 喜欢 和 诚实 的 人 交
péngyou. Yīnwèi rúguǒ duìfāng bù chéngshí de huà, hěn nán hùxiāng xìnrèn, yě bù
朋友。因为 如果 对方 不 诚实 的 话，很 难 互相 信任，也 不
néng chéngwéi hǎo péngyou.
能 成为 好 朋友。

해석 나는 성격이 외향적인 사람과 친구로 사귀는 것을 좋아한다. 왜냐하면 내 성격이 비교적 내성적이고, 평소에 비교적 조용하기 때문에, 활발하고 외향적인 친구와 함께 노는 것을 좋아한다. 외향적인 친구는 보통 말이 꽤 많고, 그들과 함께 지낼 때 그들의 영향을 받아 나도 좀 활발하게 변하는데, 나는 이것이 나에게 있어서 매우 좋은 점이 있다고 생각한다. 또한 나는 솔직한 사람과 친구로 사귀는 것을 좋아한다. 왜냐하면 만약 상대방이 솔직하지 않다면 서로 신임하기가 어렵고, 좋은 친구가 될 수 없기 때문이다.

어휘 性格 xìnggé 명 성격 | 外向 wàixiàng 형 외향적이다 | 内向 nèixiàng 형 내성적이다 | 安静 ānjìng 형 조용하다 | 活泼 huópō 형 활발하다, 활기차다 | 相处 xiāngchǔ 동 함께 지내다 | 影响 yǐngxiǎng 명 동 영향(을 주다) | 好处 hǎochù 명 좋은 점, 이로운 점 | 诚实 chéngshí 형 성실하다, 솔직하다 | 互相 hùxiāng 부 서로 | 信任 xìnrèn 동 신임하다

> 주요 표현 정리

1. 我也会变得活泼一点儿。

★ (一)点儿과 有(一)点儿의 차이

	(一)点儿	有(一)点儿
품사	수량사(수사 + 양사)	부사
명사와의 위치	명사 앞 예 一点儿钱 / 一点儿希望	X
동사 · 형용사 와의 위치	동사와 형용사 뒤 예 快(一)点儿 / 大(一)点儿	동사와 형용사 앞 예 有(一)点儿快 / 有(一)点儿大
감정 색채	특별한 색채 없음 예 师傅，我今天起晚了，能开快(一)点儿吗? 기사님, 제가 오늘 늦게 일어나서 그러는데, 좀 빨리 운전하실 수 있을까요?	부정적인 색채 예 我觉得，你车开得有(一)点儿快，太危险了! 내 생각에 너는 운전을 좀 빨리해서 너무 위험해!

2. 我觉得这对我来说非常有好处。

★ 对(于)……来说 = 对(于)……而言 = 就……而言
: ~에 대해 말하자면, ~에게 있어서

예 对(于)我来说，家人是最重要的。 나에게 있어서, 가족은 가장 중요한 것이다.

🔊 모범 답안 › 简单版

Wǒ xǐhuan hé xìnggé wàixiàng de rén jiāo péngyou. Yīnwèi gēn zhèyàng de rén
我 喜欢 和 性格 外向 的 人 交 朋友。 因为 跟 这样 的 人
zài yìqǐ wánr bǐjiào yǒuyìsi, yě bǐjiào qīngsōng. Wǒ shēnbiān yǒu hěn duō péngyou
在 一起 玩儿 比较 有意思， 也 比较 轻松。 我 身边 有 很 多 朋友
dōu hěn huópō, wǒ gēn tāmen jiànmiàn de shíhou fēicháng kāixīn.
都 很 活泼， 我 跟 他们 见面 的 时候 非常 开心。

해석   나는 성격이 외향적인 사람과 친구로 사귀는 것을 좋아한다. 왜냐하면 이런 사람과 함께 놀면 비교적 재미있고, 또한 비교적 편하기 때문이다. 내 곁에 많은 친구들은 모두 활발하고, 나는 그들과 만날 때 매우 즐겁다.

어휘   轻松 qīngsōng 〖형〗 수월하다, 홀가분하다

14

Rúguǒ néng huídào wǔ nián qián, nǐ huì duì zìjǐ shuō shénme?
如果 能 回到 五 年 前，你 会 对 自己 说 什么?
만약 5년 전으로 돌아갈 수 있다면, 당신은 자신에게 뭐라고 말할 것입니까?

思路 정리하기

1. 열심히 공부하라고 말할 것임
2. 이유 : 열심히 공부하지 않음 ➡ 평범한 대학에 합격함 ➡ 좋은 직업을 찾지 못함 ➡ 후회함
3. 열심히 하지 않으면 고생할 것이라고 말할 것임

모범 답안 高级版

Rúguǒ néng huídào wǔ nián qián, wǒ huì duì zìjǐ shuō yídìng yào hǎohāor
如果 能 回到 五 年 前，我 会 对 自己 说 一定 要 好好儿
xuéxí. Yīnwèi wǔ nián qián wǒ zhèngzài dú gāozhōng, nà shíhou wǒ xuéxí bù nǔlì,
学习。因为 五 年 前 我 正在 读 高中，那 时候 我 学习 不 努力，
suǒyǐ chéngjì bú tài hǎo. Hòulái wǒ kǎoshàng le yí ge hěn pǔtōng de dàxué, cóng
所以 成绩 不 太 好。后来 我 考上 了 一个 很 普通 的 大学，从
bìyè dào xiànzài, yìzhí zhǎobudào héshì de gōngzuò, suǒyǐ yālì hěn dà, wǒ yìzhí
毕业 到 现在，一直 找不到 合适 的 工作，所以 压力 很 大，我 一直
hěn hòuhuǐ. Yīncǐ rúguǒ néng huídào guòqù, wǒ yídìng yào duì zìjǐ shuō, xiànzài bù
很 后悔。因此 如果 能 回到 过去，我 一定 要 对 自己 说，现在 不
nǔlì de huà, yǐhòu huì fēicháng xīnkǔ de.
努力 的 话，以后 会 非常 辛苦 的。

해석 만약 5년 전으로 돌아갈 수 있다면 나는 자신에게 반드시 열심히 공부해야 한다고 말할 것이다. 왜냐하면 5년 전에 나는 고등학교에 다니고 있었는데, 그때 나는 공부를 열심히 하지 않았고, 그래서 성적이 그다지 좋지 않았다. 나중에 나는 매우 평범한 대학에 합격했으며, 졸업하고부터 지금까지 계속 적합한 직업을 찾지 못하고 있고, 그래서 스트레스가 크고, 나는 줄곧 매우 후회한다. 따라서 만약 과거로 돌아갈 수 있다면, 나는 반드시 스스로에게 지금 열심히 하지 않는다면 나중에 매우 고생할 것이라고 말할 것이다.

어휘 普通 pǔtōng 형 보통이다, 일반적이다 | 压力 yālì 명 스트레스 | 后悔 hòuhuǐ 동 후회하다 | 辛苦 xīnkǔ 동 고생하다 형 고생스럽다

> 我会对自己说一定要好好儿学习。

★ 동사와 형용사의 중첩

	동사	형용사
의미 변화	약화(한번 ~하다, 잠시 ~하다)	강화(매우 ~하다)
1음절	A(一)A	AA(儿)
2음절	ABAB	AABB

모범 답안 简单版

Rúguǒ néng huídào wǔ nián qián, wǒ huì duì zìjǐ shuō yídìng yào hǎohāor xuéxí. Yīnwèi wǒ gāozhōng de shíhou xuéxí bù hǎo, méi kǎoshàng hǎo dàxué, suǒyǐ xiànzài hěn nán zhǎo gōngzuò, yālì yě hěn dà. Wǒ xiǎng huídào guòqù gàosu zìjǐ, yīnggāi hǎohāor xuéxí.

如果能回到五年前，我会对自己说一定要好好儿学习。因为我高中的时候学习不好，没考上好大学，所以现在很难找工作，压力也很大。我想回到过去告诉自己，应该好好儿学习。

해석 만약 5년 전으로 돌아갈 수 있다면, 나는 자신에게 반드시 열심히 공부해야 한다고 말할 것이다. 왜냐하면 나는 고등학교 때 공부를 못해서 좋은 대학에 합격하지 못했고, 그래서 지금 직업을 찾기 힘들고 스트레스도 크다. 나는 과거로 돌아가서 스스로에게 열심히 공부해야 한다고 알려주고 싶다.

실전 모의고사 8회

모범 답안 및 해설

> 第一部分

🎧 08-01

1 Dìdi hái zài shuìjiào ne.
弟弟 / 还 在 睡觉 呢。 남동생은 아직도 잠자고 있는 중이다.

문장 구조 파악 주어 + 동사서술어 + 목적어
　　　　　　　　弟弟　　　睡　　　 觉

수식 성분 파악

　부사어 부사 : 还

　➡ 在……呢 : 막 ~하고 있다, 지금 ~하고 있는 중이다

어휘　睡觉 shuìjiào [이합사] 잠을 자다

🎧 08-02

2 Nǐ bié gàosu tā zhè dào tí de dá'àn.
你 别 告诉 他 / 这 道 题 的 答案。
너는 그에게 이 문제의 답을 알려 주지 마.

문장 구조 파악 주어 + 동사서술어 + 간접목적어(~에게) + 직접목적어(~을)
　　　　　　　　你　　　告诉　　　他　　　　　　　　答案

수식 성분 파악

　부사어 부정부사 : 别
　관형어 직접목적어 수식 : 지시대사(这) + (수사) + 양사(道) + 명사(题)

　➡ 구조조사 的 잊지 않기.

어휘　答案 dá'àn [명] 답(안), 해답

🎧 08-03

3   Tā duì zìjǐ de gōngzuò wánquán méi xìngqù.
   他 对 自己 的 工作 / 完全 没 兴趣。
   그는 자신의 일에 대해 완전히 흥미가 없다.

문장 구조 파악   주어 + 동사서술어 + 목적어
   他   没   兴趣

수식 성분 파악

  부사어   전치사구 : 对自己的工作

   부사 : 完全

   → 对……感兴趣/有兴趣는 '~에 흥미를 느끼다', '~에 관심을 갖다'라는 뜻의 관용표현으로, 반대말은 对……不感兴趣/没(有)兴趣라고 함.

어휘   完全 wánquán [부] 완전히, 전혀 [형] 완전하다

🎧 08-04

4   Wǒ juéde zhè jiàn wàitào bú tài shìhé nǐ.
   我 觉得 / 这 件 外套 / 不 太 适合 你。
   나는 이 외투가 너에게 그다지 맞지 않다고 생각해.

문장 구조 파악   주어 + 동사서술어 + 서술성목적어
   我   觉得   这件外套不太适合你

서술성목적어 구조   주어 + 동사서술어 + 목적어
   (这件)外套 (不太)适合   你

   → 不太는 '그다지 ~하지 않다'라는 뜻으로 부정을 약화시키고, 太不는 '너무 ~하지 않다'라는 뜻으로 부정을 강화시킴.

어휘   外套 wàitào [명] 외투, 코트 | 适合 shìhé [동] 알맞다, 적합하다

🎧 08-05

5 Wǒ gāngcái zài diàntīli yùdào tóngshì le.
我 刚才 / 在 电梯里 / 遇到 同事 了。
나는 방금 엘리베이터에서 동료를 마주쳤다.

문장 구조 파악   주어 + 동사서술어 + 목적어
　　　　　　　　　　我　　　遇到　　　同事

수식 성분 파악

　부사어 시간명사 : 刚才

　　　　　전치사구 : 在电梯里

어휘   刚才 gāngcái 명 방금, 막 | 电梯 diàntī 명 엘리베이터 | 遇到 yùdào 동 만나다, 마주치다 | 同事 tóngshì 명 동료

🎧 08-06

6 Míngtiān shàngwǔ shí diǎn zài gōngsī huìyìshì kāihuì.
明天 上午 十 点 / 在 公司 会议室 开会。
내일 오전 10시에 회사 회의실에서 회의를 한다.

문장 구조 파악   동사서술어 + 목적어
　　　　　　　　　　开　　　　会

수식 성분 파악

　부사어 시간명사 : 明天上午十点

　　　　　➡ 문장 구조는 간단하지만, 숫자가 포함된 문장은 숫자를 반드시 잘 기억해야 함!

　　　　　전치사구 : 在公司会议室

어휘   会议室 huìyìshì 명 회의실 | 开会 kāihuì 이합사 회의를 하다

160

🎧 08-07

7 Wǒ zhǔnbèi bǎ jiāli dǎsǎo de gānganjìngjìng.
我 准备 / 把 家里 / 打扫 得 干干净净。
나는 집을 아주 깨끗하게 청소할 계획이다.

문장 구조 파악   주어 + 동사서술어 + 서술성목적어
　　　　　　　　　我　　　准备　把家里打扫得干干净净

서술성목적어 구조   (전치사구) + 동사서술어 + 得 + (정도보어)
　　　　　　　　　　　(把家里)　　打扫　　　得　　干干净净

어휘 准备 zhǔnbèi 동 1. 준비하다 2. ~할 계획이다 | 打扫 dǎsǎo 동 청소하다

🎧 08-08

8 Jiějie tán gāngqín de shēngyīn bǎ māma chǎoxǐng le.
姐姐 / 弹 钢琴 的 声音 / 把 妈妈 吵醒 了。
언니가 피아노를 치는 소리는 엄마를 시끄럽게 해 잠이 깨게 했다.

문장 구조 파악

(시간명사) + 주어 + (부사/조동사) + 把 + 목적어 + 동사서술어 + 기타성분。 ➡ **把자문**
　　　　　　声音　　　　　　　　　把　妈妈　　　吵　　　　醒了

수식 성분 파악

관형어 주어 수식 : 姐姐弹钢琴

　　➡ 구조조사 的 잊지 않기.

어휘 弹钢琴 tán gāngqín 피아노를 치다 | 声音 shēngyīn 명 소리, 목소리 | 吵 chǎo 형 시끄럽다 동 1. 떠들어 대다 2. 말다툼하다 | 醒 xǐng 동 깨다

🎧 08-09

9 Xiànzài zài wǎngshàng mǎi yīfu de rén yuèláiyuè duō le.
现在 / 在 网上 买 衣服 的 人 / 越来越 多 了。
현재 인터넷에서 옷을 사는 사람들이 갈수록 많아진다.

문장 구조 파악   주어 + 형용사서술어
　　　　　　　　　　人　　　多

수식 성분 파악

관형어 시간명사 : 现在

　　　　동사구 : 在网上买衣服

　　　　➜ 구조조사 的 잊지 않기.

부사어 부사 : 越来越

> **코너 속 어법 Tip**
> 변화를 나타내는 어기조사 了 잊지 않기!

어휘　网上 wǎngshàng 명 온라인, 인터넷 ｜ 越来越 yuèláiyuè 부 더욱더, 갈수록

🎧 08-10

10　Rúguǒ méiyǒu rén fǎnduì, zhè jiàn shì jiù zhèyàng juédìng le.
　　如果 / 没有 人 反对, 这 件 事 / 就 这样 决定 了。
　　만약 반대하는 사람이 없으면, 이 일은 이렇게 결정하겠습니다.

문장 구조 파악

如果 + 동사서술어1 + 목적어1 + 동사서술어2, 주어 + 就 + 동사서술어3 。
如果　　没有　　　人　　　反对,　　事　　就　　　决定

수식 성분 파악

관형어 주어 수식 : 这件

부사어 동사서술어3 수식 : 这样

> **코너 속 어법 Tip**
> 有/没有 + 명사 + 동사(구) : (동사)할 (명사)가 있다/없다
> 예 我没有 + 时间 + 休息。 나는 휴식할 시간이 없다.
> 　　我有 + 事 + 找你。 나는 너를 찾아야 할 일이 있다.

어휘　反对 fǎnduì 동 반대하다 ｜ 决定 juédìng 명 동 결정(하다)

第二部分

🎧 08-11

11

STEP1 사진에서 떠올릴 수 있는 표현들 생각해 보기

인물	小李 Xiǎo Lǐ 샤오리 丈夫 zhàngfu [명] 남편
동작	吵 chǎo [동] 말다툼하다 吵架 chǎojià [이합사] 말다툼하다
감정	激动 jīdòng [형] 흥분하다 不愉快 bù yúkuài 유쾌하지 않다

STEP2 사진 앞의 배경과 사진 이후의 결과를 보충하여 스토리 만들기

배경	→	사진의 상황	→	결과
샤오리는 일이 순조롭지 않아 기분이 좋지 않음		작은 일 때문에 남편과 심하게 말다툼을 함		두 사람 모두 사과하길 원치 않음

모범 답안 — 高级版

最近 小李的 工作 不 顺利，压力 很 大，所以 她 的 心情 也
Zuìjìn Xiǎo Lǐ de gōngzuò bú shùnlì, yālì hěn dà, suǒyǐ tā de xīnqíng yě
不 好。今天 回到 家 后，因为 一点儿 小 事儿，她 和 丈夫 吵
bù hǎo. Jīntiān huídào jiā hòu, yīnwèi yìdiǎnr xiǎo shìr, tā hé zhàngfu chǎo
了 起来。两 个 人 都 很 激动，说 了 一些 伤害 对方 的 话。
le qǐlai. Liǎng ge rén dōu hěn jīdòng, shuō le yìxiē shānghài duìfāng de huà.
丈夫 认为 小李 不 应该 把 工作 的 压力 带到 家里 来，小 李
Zhàngfu rènwéi Xiǎo Lǐ bù yīnggāi bǎ gōngzuò de yālì dàidào jiāli lai, Xiǎo Lǐ
却 觉得 丈夫 不 能 理解 她，太 过分 了。两 个 人 都 不 肯
què juéde zhàngfu bù néng lǐjiě tā, tài guòfèn le. Liǎng ge rén dōu bù kěn
向 对方 道歉，闹 得 很 不 愉快。
xiàng duìfāng dàoqiàn, nào de hěn bù yúkuài.

해석 최근 샤오리의 일이 순조롭지 못해 스트레스가 크고, 그래서 그녀의 기분도 좋지 않다. 오늘 집에 돌아온 후 약간의 작은 일 때문에, 그녀와 남편이 다투기 시작했다. 두 사람은 모두 흥분해서 상대방에게 상처 주는 말들을 했다. 남편은 샤오리가 일의 스트레스를 집에 가지고 와서는 안 된다고 생각했고, 샤오리는 남편이 그녀를 이해할 수 없는 것이 너무 지나치다고 생각했다. 두 사람은 모두 상대방에게 사과하길 원치 않았고, 매우 유쾌하지 않게 사이가 틀어졌다.

어휘 顺利 shùnlì [형] 순조롭다 | 压力 yālì [명] 스트레스 | 心情 xīnqíng [명] 심정, 마음, 기분 | 伤害 shānghài [동] 상하게 하다, 해치다 | 理解 lǐjiě [동] 이해하다 | 过分 guòfèn [형] 지나치다 | 肯 kěn [조동] 기꺼이 ~하려고 하다 | 道歉 dàoqiàn [이합사] 사과하다 | 闹 nào [동] 1. 떠들다, 소란을 피우다 2. (사이가) 벌어지다

모범 답안 — 简单版

小李 最近 工作 不 顺利，所以 心情 不 好。今天 回家 后 她
Xiǎo Lǐ zuìjìn gōngzuò bú shùnlì, suǒyǐ xīnqíng bù hǎo. Jīntiān huíjiā hòu tā
因为 小 事儿 和 丈夫 吵架 了，两 个 人 都 很 生气，不 愿意
yīnwèi xiǎo shìr hé zhàngfu chǎojià le, liǎng ge rén dōu hěn shēngqì, bú yuànyì
向 对方 道歉，差 一点儿 就 打 起来 了。
xiàng duìfāng dàoqiàn, chà yìdiǎnr jiù dǎ qǐlai le.

해석 샤오리는 최근 일이 순조롭지 못하고 그래서 기분이 좋지 않다. 오늘 집에 돌아온 후 그녀는 작은 일 때문에 남편과 말다툼을 했고, 두 사람은 모두 화가 나서 상대방에게 사과하길 원치 않았으며, 하마터면 몸싸움을 할 뻔했다.

어휘 差(一)点儿 chà (yì)diǎnr [부] 하마터면, 자칫하면

🎧 08-12

STEP1 사진에서 떠올릴 수 있는 표현들 생각해 보기

인물	我 wǒ [대] 나, 저
사물	连衣裙 liányīqún [명] 원피스
동작	照镜子 zhào jìngzi 거울에 비추다 试衣服 shì yīfu 옷을 입어보다 选衣服 xuǎn yīfu 옷을 고르다
감정	期待 qīdài [동] 기대하다 开心 kāixīn [형] 유쾌하다, 즐겁다

STEP2 사진 앞의 배경과 사진 이후의 결과를 보충하여 스토리 만들기

배경	사진의 상황	결과
내일 남자 친구와 데이트하려고 함	거울 앞에서 옷을 고름	준비가 끝난 후 일찍 자기로 함

모범 답안 — 高级版

Míngtiān jiù shì zhōumò le, wǒ yào gēn nánpéngyou qù yuēhuì, wǒmen zhǔnbèi
明天 就是 周末了，我 要 跟 男朋友 去 约会，我们 准备
yìqǐ qù diànyǐngyuàn kàn diànyǐng. Wǒ fēicháng qīdài hé tā jiànmiàn, suǒyǐ xiǎng
一起 去 电影院 看 电影。我 非常 期待 和 他 见面，所以 想
tíqián zhǔnbèihǎo míngtiān yào chuān de yīfu. Wǒ shì le hǎo jǐ jiàn yīfu, zuìhòu xuǎn
提前 准备好 明天 要 穿 的衣服。我 试 了 好几件 衣服，最后 选
le yì tiáo fěnsè de liányīqún. Wǒ ná zhe qúnzi zhànzài jìngzi qiánmiàn, gǎnjué chuān
了一条 粉色 的 连衣裙。我 拿 着 裙子 站在 镜子 前面，感觉 穿
tā qù yuēhuì zuì héshì, zhènghǎo nánpéngyou yě xǐhuan wǒ chuān qúnzi de yàngzi.
它 去 约会 最 合适， 正好 男朋友 也 喜欢 我 穿 裙子 的 样子。
Dōu zhǔnbèihǎo yǐhòu, wǒ dǎsuàn zǎo diǎnr shuìjiào, míngtiān yídìng shì fēicháng
都 准备好 以后，我 打算 早 点儿 睡觉， 明天 一定 是 非常
kāixīn de yì tiān.
开心 的 一 天。

해석 내일은 바로 주말이고, 나는 남자 친구와 데이트하러 가려고 하는데, 우리는 함께 영화관에 가서 영화를 볼 계획이다. 나는 그와 만나는 것을 매우 기대하고 있고, 그래서 미리 내일 입을 옷을 다 준비해 놓고 싶었다. 나는 여러 벌의 옷을 입어 보고, 마지막에 분홍색 원피스 한 벌을 골랐다. 나는 치마를 들고 거울 앞에 섰고, 그것을 입고 데이트하러 가는 것이 가장 적합하다고 생각했는데, 마침 남자 친구도 내가 치마를 입은 모습을 가장 좋아한다. 모두 준비가 된 후, 나는 좀 일찍 잘 계획이고, 내일은 분명 매우 즐거운 하루가 될 것이다.

어휘 约会 yuēhuì 명·동 만날 약속(을 하다), 데이트(하다) | 提前 tíqián 동 (예정된 시간이나 기한을) 앞당기다 | 粉色 fěnsè 명 분홍색 | 裙子 qúnzi 명 치마 | 合适 héshì 형 적합하다, 알맞다 | 正好 zhènghǎo 부 마침, 공교롭게도

모범 답안 — 简单版

Míngtiān wǒ yào chūqù hé nánpéngyou yuēhuì, suǒyǐ wǒ jīntiān wǎnshang yìzhí
明天 我 要 出去 和 男朋友 约会，所以 我 今天 晚上 一直
zài xiǎng míngtiān chuān shénme, shì le hǎo jǐ jiàn yīfu, zuìhòu wǒ ná chū yì tiáo
在 想 明天 穿 什么，试 了 好 几 件 衣服，最后 我 拿 出 一 条
fěnsè liányīqún. Kàn zhe jìngzi, wǒ juéde tā hěn piàoliang, fēicháng shìhé wǒ, suǒyǐ
粉色 连衣裙。看 着 镜子，我 觉得 它 很 漂亮， 非常 适合 我，所以
juédìng míngtiān jiù chuān zhè jiàn.
决定 明天 就 穿 这 件。

해석 내일 나는 나가서 남자 친구와 데이트하려 하고, 그래서 오늘 저녁에 줄곧 내일 무엇을 입을지 생각하며, 여러 벌의 옷을 입어 봤고, 마지막에 나는 분홍색 원피스 한 벌을 꺼냈다. 거울을 보며, 나는 그것이 예쁘고 나에게 매우 맞는다고 생각했고, 그래서 내일 이 옷을 입기로 결정했다.

어휘 适合 shìhé 동 적합하다, 알맞다

第三部分

🎧 08-13

13
Nǐ xīnqíng bù hǎo de shíhou, yìbān huì zuò shénme?
你 心情 不 好 的 时候，一般 会 做 什么?
당신은 기분이 좋지 않을 때 보통 무엇을 합니까?

思路 정리하기

1. 기분이 좋지 않을 때 운동을 함
2. 운동의 좋은 점 ❶ 땀이 나서 스트레스가 사라짐
　　　　　　　　❷ 기분이 개운해짐
　　　　　　　　❸ 효과도 좋고 더 건강해짐

🔊 모범 답안 高级版

Wǒ xīnqíng bù hǎo de shíhou, yìbān huì zuò yùndòng, bǐrú qù yùndòngchǎng
我 心情 不 好 的 时候，一般 会 做 运动，比如 去 运动场
pǎobù, huòzhě qù jiànshēnfáng. Wǒ juéde zài yùndòng de shíhou, huì chū hěn duō
跑步，或者 去 健身房。 我 觉得 在 运动 的 时候，会 出 很 多
hàn, yālì hǎoxiàng yě mànmàn xiāoshī le, yùndòng zhīhòu xīnqíng huì biàn de hěn
汗，压力 好像 也 慢慢 消失 了，运动 之后 心情 会 变 得 很
qīngsōng. Hěn duō rén kěnéng huì xuǎnzé shuìjiào huòzhě chī hǎochī de dōngxi lái
轻松。 很 多 人 可能 会 选择 睡觉 或者 吃 好吃 的 东西 来
tiáozhěng xīnqíng, dànshì wǒ juéde yùndòng bǐ zhè xiē fāngshì dōu hǎo, búdàn yǒu
调整 心情，但是 我 觉得 运动 比 这 些 方式 都 好，不但 有
xiàoguǒ, hái néng ràng shēntǐ gèng jiànkāng.
效果，还 能 让 身体 更 健康。

해석 나는 기분이 좋지 않을 때 보통 운동을 하는데, 예를 들어 운동장에 가서 달리기하거나 헬스장에 간다. 내가 느끼기에 운동할 때는 많은 땀이 나고, 스트레스도 마치 천천히 사라지는 것 같으며, 운동 후에 기분이 개운하게 변한다. 많은 사람이 아마도 잠을 자거나 맛있는 음식을 먹는 것을 택해 기분을 조절하려 하겠지만, 나는 운동이 이런 방식들보다 좋다고 생각한다. (이는) 효과가 있을 뿐만 아니라, 신체도 더욱 건강하게 해 줄 수 있다.

어휘 运动 yùndòng 명 동 운동(하다) | 比如 bǐrú 동 예를 들어 | 健身房 jiànshēnfáng 명 체육관, 헬스장 | 汗 hàn 명 땀 | 好像 hǎoxiàng 부 마치 (~와 같다) | 消失 xiāoshī 동 사라지다, 없어지다 | 轻松 qīngsōng 형 수월하다, 홀가분하다, 개운하다 | 调整 tiáozhěng 동 조정하다 | 效果 xiàoguǒ 명 효과

比如去运动场跑步，或者去健身房。

★ 还是와 或者의 차이

❶ A还是B : A와 B 중 하나만 성립 가능함

예) 今天是星期三还是星期四?
오늘은 수요일인가요, 아니면 목요일인가요? (→ 둘 중 하나만 가능)

❷ A或者B : A와 B 모두 성립 가능함

예) 你可以选择在家看电影或者去电影院看。
너는 집에서 영화를 보든지 아니면 영화관에 가서 보든지 선택할 수 있어. (→ 둘 다 상관없음)

모범 답안 简单版

Wǒ xīnqíng bù hǎo de shíhou, yìbān huì yùndòng. Wǒ tèbié xǐhuan pǎobù,
我 心情 不 好 的 时候, 一般 会 运动。我 特别 喜欢 跑步,
yīnwèi pǎobù ràng wǒ chū hěn duō hàn、jiǎnqīng wǒ de yālì. Zài pǎobù de shíhou,
因为 跑步 让 我 出 很 多 汗、减轻 我 的 压力。在 跑步 的 时候,
wǒ néng wàngjì bù kāixīn de shìqing, hái néng duànliàn shēntǐ, suǒyǐ shì hěn hǎo de
我 能 忘记 不 开心 的 事情, 还 能 锻炼 身体, 所以 是 很 好 的
fāngfǎ.
方法。

해석 나는 기분이 좋지 않을 때 보통 운동을 한다. 나는 달리기하는 것을 특히 좋아하는데, 왜냐하면 달리기는 내가 많은 땀을 흘리게 하고, 나의 스트레스를 덜어 준다. 달리기할 때 나는 즐겁지 않은 일을 잊을 수 있고, 또한 신체를 단련할 수 있어서, (이는) 매우 좋은 방법이다.

어휘 忘记 wàngjì 동 잊어버리다

> 08-14

14 Rúguǒ yào qù yīyuàn kànwàng shēngbìng de péngyou, nǐ huì dài shénme?
如果 要 去 医院 看望 生病 的 朋友，你 会 带 什么？
만약 병원에 병이 난 친구를 병문안 가려고 한다면, 당신은 무엇을 가져갈 것인가?

思路 정리하기

1. 건강보조식품을 가져감
2. 꽃다발을 가져감
3. 친구가 필요한 것을 가져감

모범 답안 › 高级版

Rúguǒ wǒ qù yīyuàn kànwàng shēngbìng de péngyou, wǒ yìbān huì dài yìxiē
如果 我 去 医院 看望 生病 的 朋友，我 一般 会 带一些
duì shēntǐ yǒu hǎochù de dōngxi, bǐrú niúnǎi, hóngshēn děng yíngyǎngpǐn, yīnwèi
对 身体 有 好处 的 东西，比如 牛奶、红参 等 营养品，因为
shēngbìng de rén xūyào duō bǔchōng yíngyǎng. Chúle yíngyǎngpǐn yǐwài, yǒushíhou
生病 的 人 需要 多 补充 营养。除了 营养品 以外，有时候
yě huì mǎi yí shù huā sònggěi péngyou, yīnwèi bìngrén kàndào xiānhuā yǐhòu xīnqíng
也 会 买 一 束 花 送给 朋友，因为 病人 看到 鲜花 以后 心情
kěnéng huì biànhǎo, xīnqíng hǎo le yǒulì yú huīfù jiànkāng. Dāngrán zhè shì yìbān de
可能 会 变好，心情 好 了 有利于 恢复 健康。当然 这 是 一般 的
qíngkuàng, wǒ yǒushíhou yě huì gēnjù péngyou de xūyào xuǎnzé dài qítā de dōngxi.
情况，我 有时候 也 会 根据 朋友 的 需要 选择 带 其他 的 东西。

해석 만약 내가 병원에 병이 난 친구를 병문안 간다면, 나는 보통 몸에 좋은 것, 예를 들어 우유, 홍삼 등 건강보조식품을 가지고 간다. 왜냐하면 병이 난 사람은 영양을 많이 보충해야 하기 때문이다. 건강보조식품 외에도, 때로는 꽃다발을 친구에게 선물하기도 한다. 왜냐하면 환자가 꽃을 보게 된 후 기분이 좋게 변하게 되고, 기분이 좋아지면 건강을 회복하는 데 유리하기 때문이다. 당연히 이것은 일반적인 상황이고, 나는 때때로 친구의 필요에 따라 다른 물건을 선택하기도 한다.

어휘 看望 kànwàng 동 방문하다, 문안하다 | 好处 hǎochù 명 좋은 점, 이로운 점 | 红参 hóngshēn 명 홍삼 | 营养品 yíngyǎngpǐn 명 영양제, 건강보조식품 | 补充 bǔchōng 동 보충하다 | 束 shù 양 묶음, 다발 | 鲜花 xiānhuā 명 생화, 꽃 | 有利于 yǒulì yú ~에 유리하다, ~에 이롭다 | 恢复 huīfù 동 회복하다, 회복되다

> 주요 표현 정리
>
> 心情好了有利于恢复健康。
>
> ★ **有利** 사용법
>
> ❶ 对……有利
>
> 예 情况对我们有利。 상황이 우리에게 유리하다.
>
> ❷ 有利于……
>
> 예 多做运动有利于减肥。 운동을 많이 하는 것은 다이어트에 이롭다.

모범 답안 简单版

Rúguǒ wǒ qù yīyuàn kàn péngyou, huì dài niúnǎi děng yǒu yíngyǎng de dōngxi,
如果 我 去 医院 看 朋友, 会 带 牛奶 等 有 营养 的 东西,
huòzhě sònggěi tā yí shù huā. Hē yìxiē niúnǎi duì bìngrén de shēntǐ yǒu hǎochù,
或者 送给 他 一 束 花。 喝 一些 牛奶 对 病人 的 身体 有 好处,
shōudào huā néng ràng tā xīnqíng biànhǎo, suǒyǐ wǒ juéde dài niúnǎi huòzhě huā zuì
收到 花 能 让 他 心情 变好, 所以 我 觉得 带 牛奶 或者 花 最
hǎo.
好。

해석 만약 내가 병원에 친구를 보러 간다면, 우유 등과 같이 영양이 있는 물건을 가져가거나, 그에게 꽃다발을 선물할 것이다. 우유를 마시는 것은 환자의 신체에 이점이 있고, 꽃을 받으면 그의 기분을 좋게 변화시키는데, 그래서 나는 우유나 꽃을 들고 가는 것이 가장 좋다고 생각한다.

실전 모의고사 9회

모범 답안 및 해설

第一部分

🎧 09-01

1 Jīntiān nǐ zěnme yòu chídào le?
今天 / 你 怎么 / 又 迟到 了? 오늘 당신은 어째서 또 지각했죠?

문장 구조 파악 주어 + 동사서술어
　　　　　　　　 你　　　迟到

수식 성분 파악

부사어 시간명사 : 今天
➡ 시간명사는 주어 앞뒤에 모두 위치 가능하니, 위치를 정확하게 기억하기.

부사 : 怎么 + 又

코너 속 어법 Tip
이미 동작이 완료되었음을 나타내는 동태조사 了 잊지 않기!

어휘 迟到 chídào 동 지각하다

🎧 09-02

2 Qǐng ānjìng, biǎoyǎn mǎshàng kāishǐ le.
请 安静, 表演 / 马上 开始 了。 조용히 해 주세요. 공연이 곧 시작합니다.

문장 구조 파악 형용사서술어, 주어 + 동사서술어
　　　　　　　　 安静,　　表演　　开始

수식 성분 파악

부사어 부사 : 马上

코너 속 어법 Tip
변화를 나타내는 어기조사 了 잊지 않기!

어휘 安静 ānjìng 형 조용하다 | 表演 biǎoyǎn 명동 공연(하다), 연기(하다) | 马上 mǎshàng 부 곧, 즉시

🎧 09-03

3
Cóng zhèli xiàng zuǒ zǒu jiù dào wǒ jiā le.
从 这里 向 左 走 / 就 到 我 家 了。
이곳에서 왼쪽을 향해 가면 바로 우리집에 도착하게 된다.

문장 구조 파악   동사서술어1 / 就 동사서술어2 + 목적어
　　　　　　　　　　走　　就　　到　　我家

수식 성분 파악

부사어 전치사구(동사서술어1 수식) : 从这里 + 向左

> 코너 속 어법 Tip
> 변화를 나타내는 어기조사 了 잊지 않기!

어휘 向 xiàng 전 ~로, ~을 향하여 [동작의 방향을 가리킴] | 左 zuǒ 명 왼쪽

🎧 09-04

4
Wǒ dǎsuàn míngtiān zuò huǒchē qù Shànghǎi.
我 打算 / 明天 坐 火车 / 去 上海。
나는 내일 기차를 타고 상하이로 갈 계획이다.

문장 구조 파악   주어 + 동사서술어 + 서술성목적어
　　　　　　　　　　我　　打算　　明天坐火车去上海

서술성목적어 구조   부사어(시간명사) + 동사1 + 목적어1 + 동사2 + 목적어2 ➡ 연동문
　　　　　　　　　　　明天　　　坐　　火车　　去　　上海

🎧 09-05

5
Nánfāng de dōngtiān méiyǒu běifāng nàme lěng.
南方 的 冬天 / 没有 北方 那么 冷。
남방의 겨울은 북방만큼 그렇게 춥지 않다. (→ 북방이 더 춥다.)

문장 구조 파악   A + 有/没有 + B + 这么/这样/那么/那样 + 형용사 ➡ 有 비교문
　　　　　　　　　　南方的冬天　没有　北方　　　那么　　　冷

172

> **코너 속 어법 Tip**
>
> **有(~만큼) 비교문의 구조**
>
> [긍정형] A有B这么/这样/那么/那样형용사。 A는 B만큼 이렇게/그렇게 ~하다.
>
> 예) 北京的冬天有首尔这么冷。 베이징의 겨울은 서울만큼 이렇게 춥다.
> 首尔的冬天有北京那么冷。 서울의 겨울은 베이징만큼 그렇게 춥다.
>
> [부정형] A没有B这么/这样/那么/那样형용사。 A는 B만큼 이렇게/그렇게 ~하지 않다.
>
> 예) 我没有他那么聪明。 나는 그만큼 그렇게 똑똑하지 않다. (→ 그가 더 똑똑하다.)

어휘 南方 nánfāng 몡 남방 | 北方 běifāng 몡 북방

🎧 09-06

6
Nǐ dàgài duō cháng shíjiān huí yí cì guó?
你大概 / 多 长 时间 / 回 一 次 国?
당신은 대략 얼마만에 한 번 귀국합니까?

문장 구조 파악 주어 + 동사서술어 + 목적어
　　　　　　　　你　　　　回　　　　国

수식 성분 파악

부사어 부사 : 大概

보어 동량보어 : 一次

> **코너 속 어법 Tip**
>
> **시량 + 동사 + 동량보어 : (얼마)만에 (몇) 번 ~하다**
>
> 예) 一个星期　见　一次。 일주일에 한 번 만나다.
> 　　시량　　　동사　동량보어
>
> 一年　去　一次。 일 년에 한 번 가다.
> 시량　동사　동량보어

> **코너 속 어법 Tip**
>
> **동량보어의 위치**
>
> 동사와 목적어가 이합동사일 때 : [동사 + 동량보어 + 목적어]
> 　　　　　　　　游　　一次　　泳
> 　　　　　　　　回　　一次　　国

어휘 大概 dàgài 틧 1. 대략 2. 아마도 톙 대강의, 대충의

🎧 09-07

7 Měiguó de dà chéngshì, wǒ jīhū dōu qù guo.
美国 的 大 城市, 我 几乎 / 都 去 过。
미국의 대도시는 내가 거의 모두 가 본 적이 있다.

문장 구조 파악 주어 + 주술서술어 ➡ 주술술어문
　　　　　　　　　　주어 + 서술어
　　　　　　　　大城市　 我　 去

수식 성분 파악

관형어 주어 수식 : 美国的

부사어 주술서술어의 동사 去 수식 : 부사 几乎 + 都

> **코너 속 어법 Tip**
> 경험을 나타내는 동태조사 过 잊지 않기!

어휘 城市 chéngshì 명 도시 | 几乎 jīhū 부 거의

🎧 09-08

8 Tā búdàn huì shuō Hànyǔ, hái huì shuō Yīngyǔ.
她 / 不但 会 说 汉语, 还 会 说 英语。
그녀는 중국어를 말할 수 있을 뿐만 아니라, 영어도 말할 수 있다.

문장 구조 파악

주어 + 不但 + 동사서술어1 + 목적어1, 还 + 동사서술어2 + 목적어2
她　　 不但　　 说　　 汉语,　 还　　 说　　 英语

수식 성분 파악

부사어 조동사 : 会

> **코너 속 어법 Tip**
>
> ### 조동사 会의 용법
> ❶ **능력** : ~할 수 있다, ~할 줄 안다(학습이나 훈련을 통해 갖게 된 능력)
>
>   예 我会说汉语。 나는 중국어를 말할 수 있다.
>
> ❷ **추측** : ~할 것이다
>
>   예 他会来的。 그는 올 것이다.
>
> ❸ **능숙** : ~을 잘하다
>
>   예 他很会说。 그는 말을 매우 잘한다.

> **코너 속 어법 Tip**
>
> ### 점층에서 주어의 위치
> ❶ 앞 절과 뒤 절의 주어가 일치할 때 : 반드시 不但/不仅 앞에 주어 쓰기
>
>   예 他不但会说英语，也会说汉语。
>   그는 영어를 말할 수 있을 뿐만 아니라, 또한 중국어도 말할 줄 안다.
>
> ❷ 앞 절과 뒤 절의 주어가 다를 때 : 반드시 不但/不仅 뒤에 주어 쓰기
>
>   예 不但他会说英语，我也会说英语。
>   그가 영어를 말할 수 있을 뿐만 아니라, 나도 영어를 말할 줄 안다.

🎧 09-09

9
Guānyú zhè jiàn shì, tā zhēn de wánquán bù zhīdào.
关于 这 件 事，她 真 的 / 完全 不 知道。
이 일에 관하여, 그녀는 정말 완전히 모른다.

문장 구조 파악　　주어 + 동사서술어
　　　　　　　　　　她　　　知道

수식 성분 파악

부사어 　전치사구 : 关于这件事

　　　　　→ 关于 전치사구는 반드시 문장 제일 앞에 사용해야 함.

　　　　부사 : 真的 + 完全

　　　　부정부사 : 不

어휘　关于 guānyú [전] ~에 관해 ｜ 真的 zhēn de 정말로 ｜ 完全 wánquán [부] 완전히, 전혀

🎧 09-10

10 Tā kàndào xǐhuan de yǎnyuán hòu, jīdòng de kū le.
她 看到 / 喜欢 的 演员 后，激动 得 哭 了。
그녀는 좋아하는 연기자를 보게 된 후, 감격해서 울었다.

문장 구조 파악   (동사1)한 다음에 (동사2)하다
주어 + 동사1 + 完/了 + (목적어1) + (以)后 + 동사2 + (목적어2)
她　　看到　　　　　演员　　　后　激动

수식 성분 파악

관형어 목적어1 수식 : 喜欢的

보어 정도보어(동사2 수식) : 哭了

어휘 演员 yǎnyuán 명 배우, 연기자 | 激动 jīdòng 동 감격하다, 감동하다, 흥분하다 | 哭 kū 동 울다

第二部分

🎧 09-11

STEP1 사진에서 떠올릴 수 있는 표현들 생각해 보기

인물	我 wǒ 대 나, 저 大家 dàjiā 대 모두
동작	考试 kǎoshì 이합사 시험치다
감정	紧张 jǐnzhāng 형 긴장하다

STEP2 사진 앞의 배경과 사진 이후의 결과를 보충하여 스토리 만들기

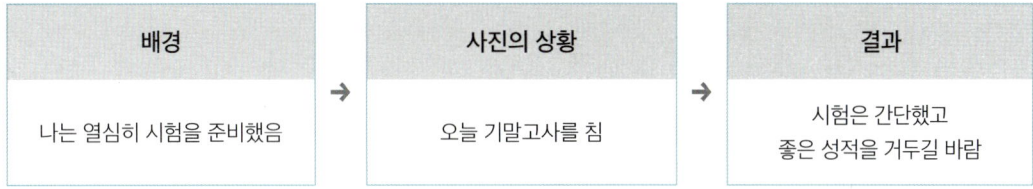

모범 답안 高级版

Jīntiān shì wǒmen xuéxiào qīmò kǎoshì de rìzi. Wèile zhè cì kǎoshì, wǒ rènzhēn
今天 是 我们 学校 期末 考试 的 日子。为了 这 次 考试，我 认真
zhǔnbèi le hěn jiǔ, kǎoshì qián měitiān dōu qù túshūguǎn xuéxí. Dàn kǎoshì kāishǐ
准备 了 很 久，考试 前 每天 都 去 图书馆 学习。但 考试 开始
de shíhou, wǒ háishi hěn jǐnzhāng, dānxīn zìjǐ kǎobuhǎo, méixiǎngdào, zhè cì de
的 时候，我 还是 很 紧张，担心 自己 考不好，没想到， 这 次 的
tímù fēicháng jiǎndān. Kǎoshì de guòchéngzhōng, jiàoshìli fēicháng ānjìng, dàjiā dōu hé
题目 非常 简单。 考试 的 过程中， 教室里 非常 安静，大家 都 和
wǒ yíyàng rènzhēn de dátí. Kǎoshì hěn kuài jiù jiéshù le, zǒu chū jiàoshì de shíhou,
我 一样 认真 地 答题。考试 很 快 就 结束 了，走 出 教室 的 时候，
wǒ gǎnjué hěn fàngsōng, xīwàng néng qǔdé hǎo chéngjì.
我 感觉 很 放松， 希望 能 取得 好 成绩。

해석 오늘은 우리 학교의 기말고사 날이다. 이번 시험을 위해, 나는 열심히 오랫동안 준비했는데, 시험 전 매일 도서관에 가서 공부했다. 그러나 시험이 시작됐을 때, 나는 여전히 긴장했고, 스스로 시험을 잘 치지 못할까 걱정했는데, 생각지도 못하게 이번 문제는 매우 간단했다. 시험 치는 과정에서 교실 안은 매우 조용했고, 모두 나와 마찬가지로 열심히 문제를 풀었다. 시험은 매우 빨리 끝났고, 교실을 걸어 나갈 때 나는 마음이 편하다고 느꼈으며, 좋은 성적을 거둘 수 있기를 희망했다.

어휘 期末考试 qīmò kǎoshì 기말고사 | 认真 rènzhēn [형] 진지하다, 열심히 하다 | 担心 dānxīn [동] 걱정하다 | 题目 tímù [명] 1. 제목 2. 문제 | 答题 dátí [이합사] 시험 문제에 답하다, 문제를 풀다 | 结束 jiéshù [동] 끝나다, 마치다 | 放松 fàngsōng [동] 늦추다, 느슨하게 하다, 편안하게 하다 | 取得 qǔdé [동] 취득하다, 얻다

🔊 모범 답안 › 简单版

今天 是 期末 考试 的 日子。虽然 我 准备 了 很 长 时间，但
还是 感觉 很 紧张。考试 的 时候，教室里 安静 极了，大家 都 很
认真。最后 考试 顺利 结束 了，我 才 感到 心情 放松 下来。

Jīntiān shì qīmò kǎoshì de rìzi. Suīrán wǒ zhǔnbèi le hěn cháng shíjiān, dàn háishi gǎnjué hěn jǐnzhāng. Kǎoshì de shíhou, jiàoshìli ānjìng jíle, dàjiā dōu hěn rènzhēn. Zuìhòu kǎoshì shùnlì jiéshù le, wǒ cái gǎndào xīnqíng fàngsōng xiàlai.

해석 오늘은 기말고사 날이다. 비록 나는 오랫동안 준비했지만, 여전히 긴장된다고 느꼈다. 시험칠 때 교실 안은 매우 조용했고, 모두 진지했다. 마지막에 시험은 순조롭게 끝났으며, 나는 그제서야 마음이 편안해졌다.

어휘 顺利 shùnlì 형 순조롭다 | 心情 xīnqíng 명 심정, 마음, 기분

12

🎧 09-12

STEP1 사진에서 떠올릴 수 있는 표현들 생각해 보기

인물	我 wǒ 대 나, 저 女儿 nǚ'ér 명 딸
사물	沙发 shāfā 명 소파 电视 diànshì 명 텔레비전(TV)
동작	坐在沙发上看电视 zuòzài shāfāshàng kàn diànshì 소파에 앉아 텔레비전을 보다
감정	开心 kāixīn 형 유쾌하다, 즐겁다 幸福 xìngfú 형 행복하다

STEP2 사진 앞의 배경과 사진 이후의 결과를 보충하여 스토리 만들기

배경	→	사진의 상황	→	결과
평소에는 일이 바빠 딸과 놀아 줄 시간이 없음		주말에 딸과 함께 소파에 앉아 텔레비전을 봄		딸이 즐거워하는 것을 보니 나도 행복함

모범 답안 高级版

Wǒ píngshí gōngzuò hěn máng, méi shíjiān péi nǚ'ér wánr, suǒyǐ yìbān zài zhōumò de shíhou, huì yìzhí gēn nǚ'ér zài yìqǐ. Zhè ge xīngqī liù, wǒ gěi nǚ'ér zuò le tā xǐhuan chī de wǔfàn, ránhòu wǒmen yìqǐ zuòzài shāfāshàng kàn diànshì. Nǚ'ér hěn ài kàn dònghuàpiàn, tā yìbiān kàn xǐhuan de dònghuàpiàn, yìbiān gěi wǒ jièshào dònghuàpiànzhōng chūxiàn de juésè. Kàndào nǚ'ér zhème kāixīn, wǒ yě gǎndào fēicháng xìngfú.

我 平时 工作 很 忙, 没 时间 陪 女儿 玩儿, 所以 一般 在 周末 的 时候, 会 一直 跟 女儿 在 一起。 这 个 星期 六, 我 给 女儿 做 了 她 喜欢 吃 的 午饭, 然后 我们 一起 坐在 沙发上 看 电视。 女儿 很 爱 看 动画片, 她 一边 看 喜欢 的 动画片, 一边 给 我 介绍 动画片中 出现 的 角色。 看到 女儿 这么 开心, 我 也 感到 非常 幸福。

해석 나는 평소에 일이 바빠서 딸과 함께 놀아 줄 시간이 없고, 그래서 보통 주말 때 줄곧 딸과 함께 있는다. 이번 토요일, 나는 딸에게 그녀가 좋아하는 점심을 만들어 주었고, 그런 후에 우리는 함께 소파에 앉아 텔레비전을 봤다. 딸은 만화영화 보는 것을 매우 좋아하는데, 그녀는 좋아하는 만화영화를 보면서 나에게 만화영화 속에 출현한 배역을 소개해 주었다. 딸이 이렇게 즐거워하는 것을 보니, 나도 매우 행복하다고 느꼈다.

어휘 陪 péi 동 수행하다, 동반하다 | 然后 ránhòu 접 그런 후에 | 动画片 dònghuàpiān 명 만화영화 | 出现 chūxiàn 동 출현하다, 나타나다 | 角色 juésè 명 배역

모범 답안 简单版

Jīntiān shì xīngqī liù, wǒ zài jiā péi nǚ'ér kàn diànshì. Wǒmen zuòzài shāfāshàng kàn nǚ'ér zuì xǐhuan de dònghuàpiàn, tā bù tíng de gēn wǒ liáo lǐmiàn de rénwù. Kàndào nǚ'ér kāixīn de biǎoqíng, wǒ yě hěn gāoxìng.

今天 是 星期 六, 我 在 家 陪 女儿 看 电视。 我们 坐在 沙发上 看 女儿 最 喜欢 的 动画片, 她 不 停 地 跟 我 聊 里面 的 人物。 看到 女儿 开心 的 表情, 我 也 很 高兴。

해석 오늘은 토요일인데, 나는 집에서 딸과 함께 텔레비전을 봤다. 우리는 소파에 앉아 딸이 가장 좋아하는 만화영화를 봤고, 그녀는 멈추지 않고 나에게 그 속의 인물을 이야기했다. 딸의 즐거워하는 표정을 보니, 나도 기뻤다.

어휘 聊 liáo 동 이야기하다 | 人物 rénwù 명 인물 | 表情 biǎoqíng 명 표정

第三部分

🎧 09-13

13 Nǐ zuì xǐhuan de yí bù diànyǐng shì shénme?
你 最 喜欢 的 一 部 电影 是 什么?
당신이 가장 좋아하는 한 편의 영화는 무엇입니까?

思路 정리하기

1. 영화「타이타닉」을 가장 좋아함
2. 대략의 줄거리 소개
3. 주인공들의 사랑이 사람을 감동시킴

모범 답안 高级版

Wǒ zuì xǐhuan de yí bù diànyǐng shì 《Tàitǎn'níkè Hào》, tā shì fēicháng yǒumíng
我 最 喜欢 的 一 部 电影 是 《泰坦尼克号》, 它 是 非常 有名
de àiqíng diànyǐng. Jiǎng de shì yì sōu jùdà de chuán zài zhuàngshàng bīngshān hòu,
的 爱情 电影。 讲 的 是 一 艘 巨大 的 船 在 撞上 冰山 后,
mànmàn chénrù le dàhǎili, zài diànyǐng gùshi de zuìhòu, nán zhǔjué wèile ràng nǚ
慢慢 沉入 了 大海里, 在 电影 故事 的 最后, 男 主角 为了 让 女
zhǔjué huó xiàlai, yí ge rén sǐqù le. Nà ge huàmiàn gěi wǒ liú xià le fēicháng
主角 活 下来, 一 个 人 死去 了。 那 个 画面 给 我 留 下 了 非常
shēnkè de yìnxiàng. Tāmen zhījiān de àiqíng ràng rén gǎndòng, wǒ kànwán yǐhòu
深刻 的 印象。 他们 之间 的 爱情 让 人 感动, 我 看完 以后
rěnbuzhù liúlèi le.
忍不住 流泪 了。

해석 내가 가장 좋아하는 한 편의 영화는「타이타닉」인데, 그것은 매우 유명한 사랑 영화이다. 이야기하는 것은 한 척의 거대한 배가 빙산에 부딪힌 후, 천천히 바닷속으로 잠기는데, 영화 이야기의 마지막에, 남자 주인공은 여자 주인공을 살게 하기 위해 혼자 죽어 간다. 그 화면은 나에게 매우 깊은 인상을 남겼다. 그들 간의 사랑은 사람을 감동시켰고, 나는 다 보고 난 후 눈물을 흘리지 않을 수 없었다.

어휘 有名 yǒumíng [형] 유명하다 | 艘 sōu [양] 선박을 세는 단위 | 巨大 jùdà [형] 거대하다 | 船 chuán [명] 배 | 撞 zhuàng [동] 부딪치다, 충돌하다 | 冰山 bīngshān [명] 빙산 | 沉入 chénrù [동] 잠기다 | 故事 gùshi [명] 이야기 | 主角 zhǔjué [명] 주인공 | 画面 huàmiàn [명] 화면 | 留下 liú xià 남다, 남기다 | 深刻 shēnkè [형] 깊다 | 印象 yìnxiàng [명] 인상 | 感动 gǎndòng [형] 감동하다, 감동시키다 | 忍不住 rěnbuzhù 참을 수 없다, ~하지 않을 수 없다 | 流泪 liúlèi [이합사] 눈물을 흘리다

모범 답안 简单版

Wǒ zuì xǐhuan de diànyǐng shì 《Tàitǎn'níkè Hào》, zhè shì fēicháng yǒumíng de
我 最 喜欢 的 电影 是 《泰坦尼克号》,这 是 非常 有名 的
àiqíng diànyǐng. Gùshizhōng de nán zhǔjué wèile ràng nǚ zhǔjué huó zhe, zìjǐ sǐ le.
爱情 电影。 故事中 的 男 主角 为了 让 女 主角 活 着,自己 死 了。
Tāmen de àiqíng hěn làngmàn, ràng wǒ juéde fēicháng gǎndòng.
他们 的 爱情 很 浪漫, 让 我 觉得 非常 感动。

해석 내가 가장 좋아하는 영화는 「타이타닉」인데, 이것은 매우 유명한 사랑 영화이다. 이야기 속의 남자 주인공은 여자 주인공을 살게 하기 위해 자신이 죽는다. 그들의 사랑은 낭만적이고, 나를 매우 감동적이라고 느끼게 했다.

어휘 浪漫 làngmàn 형 로맨틱하다, 낭만적이다

🎧 09-14

14 Rúguǒ yǒu yí ge xīngqī de jiàqī, nǐ huì zěnme ānpái?
如果 有 一 个 星期 的 假期, 你 会 怎么 安排?
만약 일주일의 휴가 기간이 있다면, 당신은 어떻게 계획할 것입니까?

思路 정리하기

1. 처음 5일 : 친구와 여행을 감
2. 나머지 2일 : 집에서 휴식함

모범 답안 高级版

Rúguǒ yǒu yí ge xīngqī de jiàqī, qián wǔ tiān wǒ xiǎng gēn péngyou yìqǐ qù
如果 有 一 个 星期 的 假期, 前 五 天 我 想 跟 朋友 一起 去
guónèi fēngjǐng hǎo de dìfang lǚxíng. Xiànzài shì xiàtiān, tiānqì hěn rè, suǒyǐ wǒ xiǎng
国内 风景 好 的 地方 旅行。现在 是 夏天, 天气 很 热, 所以 我 想
qù hǎibiān, chī hǎochī de dōngxi, pāi yìxiē zhàopiàn. Shèngxià de liǎng tiān wǒ xiǎng
去 海边, 吃 好吃 的 东西, 拍 一些 照片。 剩下 的 两 天 我 想
huídào jiāli hǎohāor xiūxi yíxià, wèi liǎng tiān zhīhòu chóngxīn gōngzuò zuòhǎo
回到 家里 好好儿 休息 一下, 为 两 天 之后 重新 工作 做好
zhǔnbèi. Wǒ juéde jiàqī jì yào hǎohāor wánr, yě yào hǎohāor xiūxi, suǒyǐ zhèyàng
准备。我 觉得 假期 既 要 好好儿 玩儿, 也 要 好好儿 休息, 所以 这样
de ānpái shì zuì hélǐ de.
的 安排 是 最 合理 的。

해석 만약 일주일의 휴가 기간이 있다면, 처음 5일에 나는 친구와 함께 국내의 풍경이 좋은 곳에 여행을 가고 싶다. 지금은 여름이라 날씨가 더운데, 그래서 나는 해변에 가서 맛있는 것을 먹고 몇몇 사진을 찍고 싶다. 남은 이틀은 나는 집으로 돌아와 휴식을 좀 잘해서, 이틀 후 다시 일을 하기 위해 준비를 하고 싶다. 나는 휴가 기간에는 잘 놀기도 해야 하고 잘 쉬기도 해야 하니, 이런 계획이 가장 합리적인 것이라 생각한다.

어휘 假期 jiàqī 명 휴가 기간 | 风景 fēngjǐng 명 풍경, 경치 | 旅行 lǚxíng 동 여행하다 | 海边 hǎibiān 명 해변 | 拍 pāi 동 찍다, 촬영하다 | 照片 zhàopiàn 명 사진 | 剩下 shèngxià 동 남다, 남기다 | 重新 chóngxīn 부 1. 다시 2. 새로이, 처음부터 | 合理 hélǐ 형 합리적이다

주요 표현 정리

1. 为两天之后重新工作做好准备。

   ★ 重新의 두 가지 뜻

   ❶ 다시 : 어떤 동작을 처음과 변화 없이 반복한다는 의미

   예 请你重新说一遍。 다시 한번 말씀해 주세요.

   ❷ 새로이, 처음부터 : 어떤 동작을 처음과 다른 방식으로, 더 나은 상태로 반복한다는 의미

   예 出版社改正了书中的错字，重新出版了。 출판사는 책의 오타를 수정하여 다시 출판했다.

2. 我觉得假期既要好好儿玩儿，也要好好儿休息。

   ★ 既A也B : A하기도 하고 B하기도 하다

   예 人生既有幸福，也有痛苦。 인생은 행복도 있고 고통도 있다.

모범 답안 简单版

Wǒ xiǎng qián wǔ tiān gēn péngyou yìqǐ qù hǎibiān wánr, yīnwèi xiànzài shì
我 想 前 五 天 跟 朋友 一起 去 海边 玩儿，因为 现在 是
xiàtiān, fēicháng shìhé qù hǎibiān lǚxíng. Zuìhòu de liǎng tiān wǒ xiǎng huíjiā hǎohāor
夏天，非常 适合 去 海边 旅行。最后 的 两 天 我 想 回家 好好儿
xiūxi, yīnwèi lǚxíng jiéshù yǐhòu yīnggāi huì hěn lèi, suǒyǐ xūyào zài jiā duō xiūxi.
休息，因为 旅行 结束 以后 应该 会 很 累，所以 需要 在 家 多 休息。

해석 나는 처음 5일에 친구와 함께 해변에 놀러 가고 싶은데, 왜냐하면 지금은 여름이라 해변에 여행가기에 매우 적합하기 때문이다. 마지막 이틀에 나는 집에 와서 아주 잘 휴식하고 싶은데, 왜냐하면 여행이 끝난 후에는 피곤할 것이고, 그래서 집에서 많이 휴식할 필요가 있다.

실전 모의고사 10회

 모범 답안 및 해설

第一部分

🎧 10-01

1 Xiǎomāo bǎ yú chīguāng le.
    小猫 / 把 鱼 吃光 了。 고양이가 생선을 다 먹어버렸다.

문장 구조 파악

(시간명사) + 주어 + (부사/조동사) + 把 + 목적어 + 동사서술어 + 기타성분。 ➡ 把자문
　　　　　小猫　　　　　　　　　　把　鱼　　　吃　　　光了。

➡ 결과보어 光은 '조금도 남김 없이 ~하다'라는 뜻을 나타냄.

어휘 小猫 xiǎomāo 명 1. 고양이 2. 새끼 고양이

🎧 10-02

2 Nǐ gēn wǒ yìqǐ qù ba.
    你 跟 我 / 一起 去 吧。 너는 나와 함께 가자.

문장 구조 파악 주어 + 동사서술어
　　　　　　　　　 你　　　 去

수식 성분 파악

부사어 전치사구 : 跟我

　　부사 : 一起

➡ 부사는 의미상 전치사구부터 수식하므로 대부분 전치사구 앞에 오지만, 一起는 수식 범위로 볼 때 一起跟我(함께 너와) 구조로 跟我를 수식할 필요가 없기 때문에 跟我 뒤에 위치해야 함.

코너 속 어법 Tip
제안을 나타내는 어기조사 吧 잊지 않기!

183

🎧 10-03

3 Māma zǒngshì wèi wǒ dānxīn.
妈妈 总是 / 为 我 担心。 엄마는 항상 나를 위해 걱정한다.

문장 구조 파악   주어 + 동사서술어
　　　　　　　　　妈妈　　담心

수식 성분 파악

　부사어 부사 : 总是

　　　　전치사구 : 为我

> **코너 속 어법 Tip**
> 부사어의 어순 : 시간명사 + **부**(부사) + **조**(조동사) + **개**(개사구/전치사구)

어휘 总是 zǒngshì [부] 늘, 언제나 ｜ 担心 dānxīn [동] 걱정하다

🎧 10-04

4 Cóng zhèr dào xuéxiào yǒu duō yuǎn?
从 这儿 到 学校 / 有 多 远? 이곳에서 학교까지 얼마나 먼가요?

문장 구조 파악   주어 + 형용사서술어
　　　　　　　　 从这儿到学校　　远

> **코너 속 어법 Tip**
> '有+多(么)+형용사' 구조는 '얼마나 ~한가?'를 묻는 의문형으로, 有는 생략이 가능하다.
> **예** 你(有)多大? 당신은 나이가 얼마입니까?
> 　　你(有)多高? 당신은 키가 얼마나 큽니까?

🎧 10-05

5
Tā měitiān qí zìxíngchē qù gōngsī shàngbān.
他 每天 骑 自行车 / 去 公司 上班。
그는 매일 자전거를 타고 회사에 출근하러 간다.

문장 구조 파악   주어 + 동사1 + 목적어1 + 동사2 + 목적어2 + 동사3 + 목적어3 ➡ 연동문
　　　　　　　　　　他　　骑　　自行车　　去　　公司　　上　班

> 코너 속 어법 Tip
> 3개의 동사로 이루어진 연동문은 '수단/방식 + 去/来/到 + 목적'의 구조로 사용한다.

수식 성분 파악

부사어 시간명사 : 每天

🎧 10-06

6
Zánmen jīntiān zhōngwǔ chī mǐfàn, xíng ma?
咱们 今天 中午 / 吃 米饭, 行 吗?
우리는 오늘 점심에 쌀밥을 먹는 거 어때?

문장 구조 파악   주어 + 동사서술어 + 목적어
　　　　　　　　　　咱们　　吃　　米饭

수식 성분 파악

부사어 시간명사 : 今天中午

> 코너 속 어법 Tip
> 상대방의 동의를 구하는 표현으로는 行吗 외에도 可以吗, 好吗, 怎么样 등이 있다.

어휘   米饭 mǐfàn 명 쌀밥 | 行 xíng 동 좋다, 괜찮다

🎧 10-07

7 Nà biān jiē diànhuà de rén shì wǒ de zhàngfu.
那 边 / 接 电话 的 人 / 是 我 的 丈夫。
저쪽에서 전화를 받는 사람은 내 남편이다.

문장 구조 파악   주어 + 동사서술어 + 목적어
　　　　　　　　人　　　是　　　丈夫

수식 성분 파악

관형어 주어 수식 : 那边接电话
→ 구조조사 的 잊지 않기.

목적어 수식 : 我
→ 수식 대상이 가족 관계일 때는 的를 생략할 수 있지만 원래 문장대로 말하기.

어휘 接电话 jiē diànhuà 전화를 받다 | 丈夫 zhàngfu 명 남편

🎧 10-08

8 Wǒmen yīnggāi zài fàngjià de shíhou jiàn ge miàn.
我们 应该 / 在 放假 的 时候 / 见 个 面。
우리는 방학했을 때 좀 만나야만 합니다.

문장 구조 파악   주어 + 동사서술어 + 목적어
　　　　　　　　我们　　　见　　　面

수식 성분 파악

부사어 조동사 : 应该(의무나 도리 : ~해야 한다)

전치사구 : 在放假的时候

코너 속 어법 Tip
이합동사 사이에 个를 사용하면 가벼운 동작을 나타낼 수 있다.
예 洗个澡 가볍게 샤워하다, 睡个觉 잠을 좀 자다

어휘 见面 jiànmiàn 이합사 만나다 | 放假 fàngjià 이합사 방학하다

🎧 10-09

9
Bàba duì wǒ qīmò kǎoshì de chéngjì fēicháng mǎnyì.
爸爸 / 对 我 期末 考试 的 成绩 / 非常 满意。
아빠는 내 기말고사 성적에 매우 만족한다.

문장 구조 파악 주어 + 형용사서술어
　　　　　　　　　爸爸　　　满意

수식 성분 파악

부사어 전치사구 : 对我期末考试的成绩
　　　　정도부사 : 非常
　　→ '주어 + 对전치사구 + 정도부사 + 형용사서술어' 구조는 시험에 자주 출제되므로 꼭 암기하기!
　　　예 他对我很好。 그는 나에게 잘 해준다.

어휘　期末考试 qīmò kǎoshì 기말고사 ｜ 满意 mǎnyì [형][동] ~에 만족하다

🎧 10-10

10
Zhè jiàn shì duì liǎng ge guójiā zhījiān de guānxi yǒu hěn dà de yǐngxiǎng.
这 件 事 / 对 两 个 国家 之间 的 关系 / 有 很 大 的 影响。
이 일은 양국 간의 관계에 매우 큰 영향이 있다.

문장 구조 파악 주어 + 동사서술어 + 목적어
　　　　　　　　　事　　　有　　　影响

수식 성분 파악

부사어 전치사구 : 对两个国家之间的关系
관형어 주어 수식 : 这件
　　　　목적어 수식 : 很大
　　→ 구조조사 的 잊지 않기.

어휘　之间 zhījiān [명] 사이 ｜ 影响 yǐngxiǎng [명][동] 영향(을 주다)

第二部分

🎧 10-11

11

STEP1 사진에서 떠올릴 수 있는 표현들 생각해 보기

인물	我 wǒ 대 나, 저 孩子 háizi 명 아이 丈夫 zhàngfu 명 남편 服务员 fúwùyuán 명 종업원
장소	餐厅 cāntīng 명 식당
동작	点菜 diǎncài 이합사 요리를 주문하다 吃饭 chīfàn 밥을 먹다

STEP2 사진 앞의 배경과 사진 이후의 결과를 보충하여 스토리 만들기

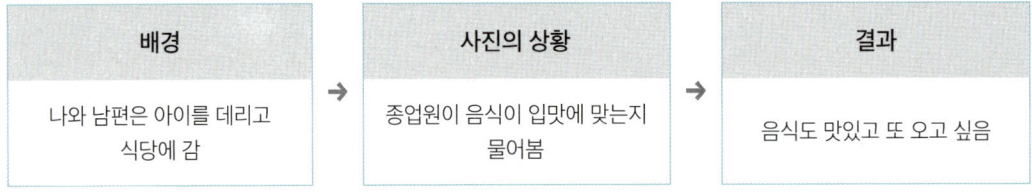

배경	사진의 상황	결과
나와 남편은 아이를 데리고 식당에 감	종업원이 음식이 입맛에 맞는지 물어봄	음식도 맛있고 또 오고 싶음

모범 답안 高级版

Jīntiān shì Zhōngqiū Jié, wǒ hé zhàngfu zhǔnbèi dài zhe háizi yìqǐ qù cāntīng chīfàn. Nà ge cāntīng hěn yǒumíng, suǒyǐ wǒmen tíqián yí ge yuè jiù yùyuēhǎo le. Dào le cāntīng yǐhòu, wǒmen diǎn le jǐ ge hǎochī de cài, ránhòu yìbiān chīfàn yìbiān liáotiānr. Zhè shí fúwùyuán zǒu guòlai le, rèqíng de wèn wǒmen fàncài hé bu hé wèikǒu. Wǒmen dōu huídá shuō tài hǎochī le, xià cì yídìng hái huì zài lái de.

今天是中秋节，我和丈夫准备带着孩子一起去餐厅吃饭。那个餐厅很有名，所以我们提前一个月就预约好了。到了餐厅以后，我们点了几个好吃的菜，然后一边吃饭一边聊天儿。这时服务员走过来了，热情地问我们饭菜合不合胃口。我们都回答说太好吃了，下次一定还会再来的。

해석 오늘은 중추절이고, 나와 남편은 아이를 데리고 함께 식당에 가서 밥을 먹었다. 그 식당은 유명하고, 그래서 우리는 한 달 미리 예약을 했다. 식당에 도착한 후, 우리는 맛있는 요리 몇 가지를 주문했고, 그런 다음 밥을 먹으면서 이야기를 나누었다. 이때 종업원이 걸어와서, 친절하게 우리에게 음식이 입맛에 맞는지 아닌지 물었다. 우리는 모두 너무 맛있고, 다음 번에 반드시 다시 올 것이라고 대답했다.

어휘 中秋节 Zhōngqiū Jié [고유] 중추절(중추제)[중국의 추석] | 提前 tíqián [동] 앞당기다 | 预约 yùyuē [동] 예약하다 | 热情 rèqíng [형] 친절하다 | 饭菜 fàncài [명] 음식, 식사 | 合胃口 hé wèikǒu 입맛에 맞다

모범 답안 简单版

Jīntiān wǒ hé zhàngfu dài háizi qù le yí ge hěn yǒumíng de cāntīng chīfàn. Zhèli búdàn huánjìng hǎo, érqiě fàncài hǎochī. Fúwùyuán yě hěn rèqíng, hái wèn wǒmen fàncài zěnmeyàng, wǒmen dōu huídá shuō tài hǎochī le, xià cì hái huì lái.

今天我和丈夫带孩子去了一个很有名的餐厅吃饭。这里不但环境好，而且饭菜好吃。服务员也很热情，还问我们饭菜怎么样，我们都回答说太好吃了，下次还会来。

해석 오늘 나와 남편은 아이를 데리고 매우 유명한 한 식당에 가서 밥을 먹었다. 이곳은 환경이 좋을 뿐만 아니라, 음식도 맛있었다. 종업원도 친절했고 우리에게 음식이 어떠냐고 물었으며, 우리는 모두 너무 맛있고 다음 번에 또 올 거라고 대답했다.

🎧 10-12

STEP1 사진에서 떠올릴 수 있는 표현들 생각해 보기

인물	小王 Xiǎo Wáng 샤오왕 男朋友 nánpéngyou 남자 친구
사물	地图 dìtú 명 지도
동작	看地图 kàn dìtú 지도를 보다
감정	有意思 yǒu yìsi 재미있다

STEP2 사진 앞의 배경과 사진 이후의 결과를 보충하여 스토리 만들기

배경		사진의 상황		결과
샤오왕과 남자 친구는 도보로 여행을 가기로 함	→	함께 지도를 보며 길을 찾아 감	→	힘들지만 재밌다고 느낌

모범 답안 — 高级版

Xiǎo Wáng hé nánpéngyou zuìjìn dōu yǒu hěn cháng de jiàqī, suǒyǐ tāmen juédìng yìqǐ qù lǚxíng. Tāmen méiyǒu xuǎnzé zuò chē, érshì juédìng bùxíng qù mùdìdì. Liǎng ge rén dōu bēi zhe lǚxíng yòng de dà shūbāo chūfā le, kàn shàngqu sìhū hěn gāoxìng, yìdiǎnr dōu bú lèi. Rúguǒ hūrán mílù le, tāmen jiù yìqǐ kàn dìtú, zhǎo lùxiàn. Suīrán zhèyàng bǐ zuò chē xīnkǔ, dàn kěyǐ xīnshǎng lùshang de fēngjǐng, suǒyǐ liǎng ge rén dōu juéde zhèyàng de lǚxíng gèng yǒu yìsi.

小王和男朋友最近都有很长的假期，所以他们决定一起去旅行。他们没有选择坐车，而是决定步行去目的地。两个人都背着旅行用的大书包出发了，看上去似乎很高兴，一点儿都不累。如果忽然迷路了，他们就一起看地图，找路线。虽然这样比坐车辛苦，但可以欣赏路上的风景，所以两个人都觉得这样的旅行更有意思。

해석 샤오왕과 남자 친구는 최근 휴가 기간이 길어서 그들은 함께 여행을 가기로 결정했다. 그들은 차 타는 것을 선택하지 않았고, 도보로 목적지에 가기로 결정했다. 두 사람은 모두 여행용 큰 가방을 등에 메고 출발했는데, 마치 즐거워서 조금도 힘들지 않는 것 같아 보였다. 만약 갑자기 길을 잃으면, 그들은 함께 지도를 보고 노선을 찾았다. 비록 이렇게 하는 것이 차를 타는 것보다 힘들지만, 길 위의 풍경을 감상할 수 있어서 두 사람은 모두 이런 여행이 더 재밌다고 생각했다.

어휘 假期 jiàqī [명] 휴가 기간 | 步行 bùxíng [동] 걸어서 가다, 도보로 가다 | 目的地 mùdìdì [명] 목적지 | 背 bēi [동] (등에) 짊어지다, 메다 | 似乎 sìhū [부] 마치 (~인 것 같다) | 忽然 hūrán [부] 갑자기 | 迷路 mílù [이합사] 길을 잃다 | 地图 dìtú [명] 지도 | 路线 lùxiàn [명] 노선, 노정, 여정 | 辛苦 xīnkǔ [형] 고생스럽다, 고되다 | 欣赏 xīnshǎng [동] 1. 감상하다 2. 좋다고 여기다, 마음에 들어하다 | 风景 fēngjǐng [명] 풍경, 경치

모범 답안 — 简单版

Xiǎo Wáng hé nánpéngyou juédìng jiàqī de shíhou zǒulù qù lǚxíng, tāmen bēi zhe dà shūbāo chūfā le. Zài lùshang, tāmen yìqǐ kàn dìtú, zhǎo héshì de lù. Liǎng ge rén biān shuō biān xiào, dōu juéde zhè cì de lǚxíng fēicháng yǒu yìsi.

小王和男朋友决定假期的时候走路去旅行，他们背着大书包出发了。在路上，他们一起看地图，找合适的路。两个人边说边笑，都觉得这次的旅行非常有意思。

해석 샤오왕과 남자 친구는 휴가 기간 때 걸어서 여행을 가기로 결정하고, 그들은 큰 가방을 메고 출발했다. 길에서 그들은 함께 지도를 보고 적합한 길을 찾았다. 두 사람은 이야기를 하며 웃었고, 이번 여행이 매우 재미있다고 생각했다.

第三部分

🎧 10-13

13
Nǐ zuì xǐhuan shénme yùndòng?
你 最 喜欢 什么 运动?
당신은 무슨 운동을 가장 좋아합니까?

思路 정리하기

1. 달리기를 가장 좋아함
2. 이유 ❶ 편리함
   ❷ 신선한 공기를 마시고 풍경을 볼 수 있음
3. 달리기로 건강이 좋아지고 스트레스도 줄었음

모범 답안 高级版

Wǒ zuì xǐhuan pǎobù. Dì yī ge yuányīn shì pǎobù fēicháng fāngbiàn, zhǐyào
我 最 喜欢 跑步。第 一 个 原因 是 跑步 非常 方便, 只要
zhǔnbèi héshì de xiézi, qù yùndòngchǎng jiù kěyǐ, bù xūyào qù jiànshēnfáng. Dì èr
准备 合适 的 鞋子, 去 运动场 就 可以, 不 需要 去 健身房。第 二
ge yuányīn shì wǒ juéde zài wàimiàn pǎobù kěyǐ hūxī xīnxiān de kōngqì, kànkan
个 原因 是 我 觉得 在 外面 跑步 可以 呼吸 新鲜 的 空气, 看看
zhōuwéi de fēngjǐng. Zhèyàng jì néng duànliàn shēntǐ, yòu néng ràng rén xīnqíng
周围 的 风景。这样 既 能 锻炼 身体, 又 能 让 人 心情
fàngsōng. Wǒ zuìjìn jiānchí měitiān pǎobù, búdàn shēntǐ gèng hǎo le, gōngzuò de yālì
放松。我 最近 坚持 每天 跑步, 不但 身体 更 好 了, 工作 的 压力
yě jiǎnshǎo le hěn duō.
也 减少 了 很 多。

해석 나는 달리기를 가장 좋아한다. 첫 번째 원인으로 달리기는 매우 편리하다. 맞는 신발을 준비해서 운동장에 가기만 하면 되고, 헬스장에 갈 필요가 없다. 두 번째 원인은 내가 생각하기에 밖에서 달리면 신선한 공기를 마시고 주위의 풍경을 볼 수도 있다. 이렇게 하면 신체를 단련할 수도 있고, 사람의 기분을 편안하게 할 수도 있다. 나는 최근 매일 꾸준히 달리는데, 건강이 더 좋아졌을 뿐만 아니라, 업무 스트레스도 많이 줄었다.

어휘 跑步 pǎobù [이합사] 달리다 | 原因 yuányīn [명] 원인 | 鞋子 xiézi [명] 신발 | 健身房 jiànshēnfáng [명] 헬스장 | 呼吸 hūxī [동] 호흡하다 | 新鲜 xīnxiān [형] 신선하다 | 空气 kōngqì [명] 공기 | 周围 zhōuwéi [명] 주위 | 坚持 jiānchí [동] 끝까지 하다, 꾸준히 하다 | 压力 yālì [명] 스트레스 | 减少 jiǎnshǎo [동] 감소하다, 줄(이)다

> **주요 표현 정리**
>
> 1. 只要准备合适的鞋子，去运动场就可以。
>   ★ **충분조건과 유일조건**
>   ❶ 只要A就B : A하기만 하면 B하다[충분조건]
>   예 你的病只要吃这种药，就能治好。
>   너의 병은 이 약을 먹기만 하면 완치할 수 있다. (→ 이 약이면 충분함)
>
>   ❷ 只有A才B : 오직 A해야만 B하다[유일조건]
>   예 你的病只有吃这种药，才能治好。
>   너의 병은 이 약을 먹어야만 완치할 수 있다. (→ 이 약이 유일함)
>
> 2. 这样既能锻炼身体，又能让人心情放松。
>   ★ **既A又B** : A하기도 하고 B하기도 하다
>   예 这个房间既是书房，又是卧室。 이 방은 서재이기도 하고, 침실이기도 하다.

🔊 모범 답안 › 简单版

Wǒ zuì xǐhuan pǎobù. Yīnwèi pǎobù hěn jiǎndān, bù xūyào zhǔnbèi shénme
我 最 喜欢 跑步。因为 跑步 很 简单，不 需要 准备 什么
dōngxi. Érqiě zài wàimiàn pǎobù kěyǐ kàndào zhōuwéi de fēngjǐng, zhèyàng xīnqíng yě
东西。而且 在 外面 跑步 可以 看到 周围 的 风景， 这样 心情 也
huì biànhǎo, suǒyǐ wǒ fēicháng xǐhuan pǎobù.
会 变好，所以 我 非常 喜欢 跑步。

해석 나는 달리기를 가장 좋아한다. 왜냐하면 달리기는 간단해서 어떤 물건을 준비할 필요가 없기 때문이다. 게다가 밖에서 달리면 주위의 풍경을 볼 수 있는데, 이러면 기분도 좋아져서 나는 달리기를 매우 좋아한다.

🎧 10-14

14
Rúguǒ nǐ zài bù shúxi de dìfang mílù le, huì zěnme bàn?
如果 你 在 不 熟悉 的 地方 迷路 了，会 怎么 办?
만약 당신이 익숙하지 않은 곳에서 길을 잃었다면, 어떻게 할 건가요?

思路 정리하기

1. 휴대 전화로 길을 찾음
2. 지나가는 사람이나 가게 점원에게 물어봄
3. 택시를 탐

모범 답안 高级版

Rúguǒ wǒ zài bù shúxi de dìfang mílù le, shǒuxiān huì yòng shǒujī quèdìng yíxià zìjǐ de wèizhì, ránhòu chá yíxià lùxiàn. Xiànzài shǒujīshàng yìbān dōu yǒu dìtú, shǐyòng qǐlai yě hěn fāngbiàn. Dànshì rúguǒ shǒujī bù néng shǐyòng, wǒ huì xiān wènwen lùguò de rén, huòzhě qù fùjìn de biànlìdiàn wèn yíxià diànyuán. Yàoshi wǒ suǒ zài de nà ge dìfang yǒu chūzūchē de huà, zhíjiē dǎ chūzūchē qù wǒ xiǎng qù de dìfang yě shì yí ge hěn hǎo de bànfǎ.

如果我在不熟悉的地方迷路了，首先会用手机确定一下自己的位置，然后查一下路线。现在手机上一般都有地图，使用起来也很方便。但是如果手机不能使用，我会先问问路过的人，或者去附近的便利店问一下店员。要是我所在的那个地方有出租车的话，直接打出租车去我想去的地方也是一个很好的办法。

해석 만약 내가 익숙하지 않은 곳에서 길을 잃었다면, 먼저 휴대 전화를 사용해서 자신의 위치를 확정하고, 그런 다음 노선을 찾을 것이다. 지금 휴대 전화에는 일반적으로 모두 지도가 있고, 사용할 때도 편리하다. 그러나 만약 휴대 전화를 사용할 수 없다면, 나는 먼저 지나가는 사람에게 묻거나, 혹은 근처 편의점에 가서 점원에게 물어볼 것이다. 만약 내가 있는 그 곳에 택시가 있다면, 직접 택시를 타고 내가 가고 싶은 곳에 가는 것도 매우 좋은 방법이다.

어휘 熟悉 shúxi 동 상세히 알다, 잘 알다 | 确定 quèdìng 동 확정하다 형 확정적이다 | 位置 wèizhì 명 위치 | 查 chá 동 찾다 | 路过 lùguò 동 지나가다, 경유하다, 거치다 | 附近 fùjìn 명 부근, 근처 | 便利店 biànlìdiàn 명 편의점 | 店员 diànyuán 명 점원 | 出租车 chūzūchē 명 택시 | 直接 zhíjiē 형 직접, 직접적인

주요 표현 정리

1. 如果我在不熟悉的地方迷路了,
   如果手机不能使用
   要是我所在的那个地方有出租车的话,

   예 如果你有困难(的话), 我可以帮助你。
   만약 당신이 어려움이 있다면, 제가 당신을 도울 수 있습니다.

2. 问问路过的人, 或者去附近的便利店问一下店员

   ★**동사의 중첩**: (짧은 시간 안에) 시도 삼아 해 본다는 의미로, 동작을 가볍게 만들어 어기를 완화해 줌(한 번 ~하다, 잠깐 ~하다, 좀 ~하다). 동사 뒤에 一下를 쓰는 것과 같은 뜻을 나타냄.

1음절 동사	A(一)A 예 看(一)看 = 看一下
2음절 동사	ABAB 예 休息休息 = 休息一下

모범 답안 　简单版

Rúguǒ wǒ zài bù shúxi de dìfang mílù le, wǒ huì xiān yòng shǒujī kàn yi
如果我在不熟悉的地方迷路了，我会先用手机看一
kàn dìtú. Zhèyàng wǒ kěyǐ zhīdào zìjǐ zài nǎr, hái néng zhǎodào huíqù de lù.
看地图。这样我可以知道自己在哪儿，还能找到回去的路。
Rúguǒ shǒujī bù néng yòng de huà, wǒ huì wèn yi wèn lùshang de rén, huòzhě qù
如果手机不能用的话，我会问一问路上的人，或者去
shāngdiàn wèn yíxià diànyuán.
商店问一下店员。

해석 만약 내가 익숙하지 않은 곳에서 길을 잃었다면, 나는 먼저 휴대 전화를 사용해서 지도를 좀 볼 것이다. 이렇게 나는 내가 어디에 있는지 알 수 있고, 돌아가는 길도 찾을 수 있다. 만약 휴대 전화를 사용할 수 없다면, 나는 거리의 사람들에게 묻거나, 혹은 상점에 가서 점원에게 물어볼 것이다.

MEMO

MEMO